早引き 知りたいことがよくわかる

手話ハンドブック

手話文化村代表
米内山 明宏 監修

よく使う手話単語を
写真で見やすく解説。
ポイント、使い方例、
同義語、反意語も掲載！

ナツメ社

早引き手話ハンドブック もくじ

本書の使い方 …………………………………… 4

手話ってナニ? ………………………………… 6

五十音順早引き単語集 …………………… 15

覚えておきたい基本単語集 …………… 313
- ◎ 五十音 …………………………………… 314
- ◎ アルファベット ………………………… 321
- ◎ 数字 ……………………………………… 324
- ◎ 季節 ……………………………………… 327
- ◎ 月 ………………………………………… 328
- ◎ 日にち・時間 …………………………… 330
- ◎ 時代 ……………………………………… 339
- ◎ 干支 ……………………………………… 340
- ◎ 地名 ……………………………………… 342
- ◎ あいさつ ………………………………… 352
- ◎ 行事 ……………………………………… 355
- ◎ 天気・気候 ……………………………… 356

索 引 …………………………………………… 360

本書の手話モデル

 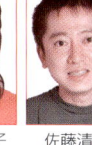  

忍足亜希子　　佐藤清巳　　佐藤八寿子　　山本みどり

※本書は「日本手話」で表現しています。手話には1つの単語に複数の表現方法がある場合もありますが、ここでは日常多く使われているものを紹介しています。
※基本的に、きき手が右手の人を想定しています。左ききの人は左右逆に考えてください。

● スタッフ ●

編集協力	株式会社アーク・コミュニケーションズ（志澤陽子）
編集担当	柳沢裕子（ナツメ出版企画株式会社）
撮　　影	アーク・フォトワークス（清水亮一）
手話モデル	忍足亜希子、佐藤清巳、佐藤八寿子、山本みどり
撮影協力	五井正明（有限会社手話文化村）
表紙デザイン	e-CYBER
本文デザイン	有限会社エッグ・カンパニー（杉原眞理）
表紙イラスト	かまたいくよ
本文イラスト	池田かえる
本文DTP	株式会社明昌堂
校　　正	有限会社滄流社

本書の使い方

本書は、写真と文章を使って、
わかりやすく手話を解説しています。
状況に応じて上手に活用しましょう。

覚えておきたい
基本単語集
P.313~359

● **ジャンル**
「行事」「あいさつ」「五十音」「数字」などのジャンルに分けて、関連単語を各ページにまとめて掲載しています。

● **動作説明**
手の動きや形をわかりやすく説明してあります。

- 同 同義語を記載しています。
- 参 参考となる解説やポイントを記載しています。
- 単 1つの単語が2つ以上の単語から成り立っているとき、それぞれの単語が持つ意味を表記しています。

五十音順
早引き単語集

P.15〜312

- **見出し語** 同じ日本語で表現方法が複数あるものについては、数字をつけて区別したり、同じ枠内に並べて掲載しています。

- **ポイント** 単語の由来や単語が持つ他の意味など、プラスアルファの情報を解説しています。

- **使い方例** 単語を使った熟語や例文などを紹介しています。なお、紹介している使い方は一例であり、他にも表現があるものもあります。

- **動作説明** 手の動きや形をわかりやすく説明してあります。

- **矢印** 手の動きをよりわかりやすくするために、矢印を入れています。また、連続する動きは写真を重ねて表しています。

- **参考解説** 同義語や反対語、注意点や他の表現方法など参考となる情報を掲載しています。

圓 同義語を記載しています。ただし、手話には複数の表現方法があるため、同義語同士が必ずしも一致するわけではありません。

参 参考となる解説やポイントを記載しています。

反 反対語や対になる語の表現方法を記載しています。

手話ってナニ？

手話を始める前に、まず知っておきたいのが
「手話とはどんなコトバか」ということ。
基本がわかれば、
これからの学習でも理解がぐっと深まるはず。
手話は決して難しいものではありません。
それぞれの単語がどんな仕組みでできているのか、
どんなふうに文章を作るのかなど、
まずはしっかり覚えておきましょう。

手話の種類は1つじゃない

日本には2種類の手話が存在します。1つは、ろう者の文化の中で生まれ、独自の体系を持っている純粋な視覚言語「日本手話」。もう1つは、日本語を音声ではなく、そのまま手で表そうとして生まれた「日本語対応手話」。これは、日本語の語順に合わせて手話単語を表すもので、たとえば「て、に、を、は」の助詞も口型(こうけい／唇の動きのこと)によって表すのです。

現在、大半のろう者は「日本手話」を使っており、中途失聴者や難聴者は「日本語対応手話」を使う傾向にあります。本書では、「日本手話」を学習します。

国が変われば手話も変わる

手話には国や地域ごとに独自のものがあり、世界中には120を越える手話言語が存在しているといわれています。ただ、手話が違うとまったく通じないわけではなく、お互いにイメージを共有できる表現方法を取れば、会話は成立してしまうのです。音声言語では困難なことを実現できてしまう素晴らしさがあります。

では、国際舞台ではどんな手話が使われているのでしょうか。現在は、ヨーロッパを中心に発展した国際手話が世界大会のような公の場における世界共通語としての役割をはたしています。

1つの**単語**に対して**表現方法**は1つ…ではない!?

　手話は、1つの言葉でも、状況やニュアンスによって表現方法が違ってきます。たとえば、「行く」という単語では、「ひとりで行く」「みんなで行く」「一緒に行く」「飛行機で行く」などで表現方法が異なるのです。
　また、男性的な表現と女性的な表現が存在する語もあります。たとえば、「風呂」という単語の場合、男性はタオルを持って背中を洗うようなしぐさをし、女性は胸のあたりを洗うしぐさで表現することが多いようです。
　本書では、中でも日常生活でよく使われていると思われる表現を紹介しています。

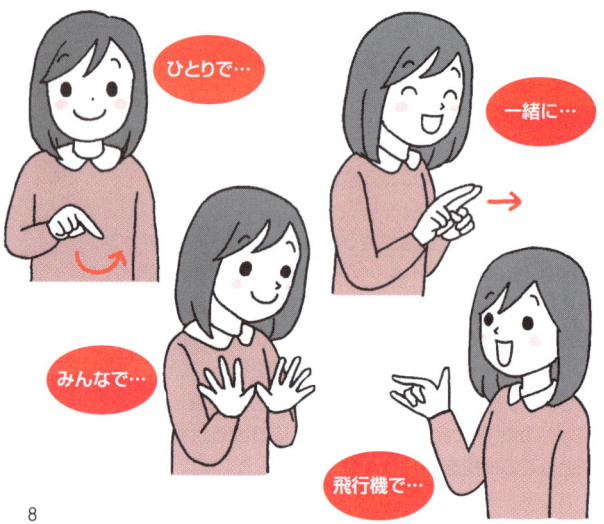

手話ってナニ？

●1つの表現方法で**複数**の意味を表せる

　1つの表現方法（単語）で、それと類似し、連想できる意味を表すことができるのも、手話の特徴です。たとえば、「夏」という単語の表現方法は、ほかに「暑い」「あおぐ」「うちわ」といった意味もあります。
　また、1つの表現方法には、「名詞」と「動詞」の両方の役割があることも覚えておきたい点です。たとえば、「食事」と「食事をする」という単語は、同じ表現方法で表します。「食事＋〜する」と表すのではありません。日本語にこだわらず視覚言語である手話が持っている文法的長所を理解し、柔軟に対応できるようにしましょう。

● 手の動きだけでなく**顔**が命！

　手話は場面によって適切な表現方法や意味を選ぶ必要があり、それを見分けるのに重要になるのが「口型」と「表情」です。たとえば「サークル」と「協会」は同じ表現方法で表しますが、「サ・ク・ル」と唇を動かすことで区別します。口型には、物の名前などに付ける日本語口型と、ろう者が文法の一部として表現する手話口型があることを知っておくとよいでしょう。また、肯定なら断定的な表情で、疑問なら相手の返事を期待しているような表情で区別します。これらは非常に微妙な違いなので、ろう者との交流の中で学んでいくとよいでしょう。

きき手を使って**表現**する

手話の動きは、使う人が動かしやすく、体に負担がかからないように作られています。ですから、原則的にどちらの手を使っても構いません。右ききの人は右手で、左ききの人は左手で主な動作を表現すればいいのです。本書のモデルはいずれも右ききで表現していますので、左ききの人は左右逆にして表現してみてください。

また、いずれの単語も、両手でも片手でも表せるので、片手がふさがっているときにも会話はできます。左右の手が異なる動きをする単語もありますが、そのような場合は主な動きだと思われるほうを表しましょう。

手話にも**方言**や**流行**がある

日本語と同じように、手話も地方によって方言があります。たとえば、「名前」は、関東では右手のひらに左手の親指をあて、ハンコを押す表現をしますが、関西では親指と人差し指で輪を作り胸にあて、名札を表現します。同じ表現でも別の地域ではまったく異なる意味になることもあるので、注意が必要です。

また、手話にももちろんはやりすたりがあり、世代によって表現が違う場合があります。たとえば、「トイレ」は、若い人は指文字で「WC」と表しますが、年配の人は手を洗うしぐさで表現することが多いようです。

手話ってナニ？

● 動きの回数や速さにも意味がある

単語によっては、**手や腕を動かす回数が決まっているものもあります**。名詞はほぼ決まっていると言ってもよいでしょう。たとえば、「東京」は両手の親指と人差し指を上に向かって伸ばして、2回上げますが、1回しか上げないと「東」の意味になってしまいます。

また、**リズムや動作の強弱によっても、ニュアンスが変わるのも注意したい点**です。たとえば、「勉強する」という表現を力を入れててきぱきと表現すると、「一生懸命に勉強する」、逆にゆっくりとしたリズムでだらだらと表現すると「適当に勉強する」という意味になります。

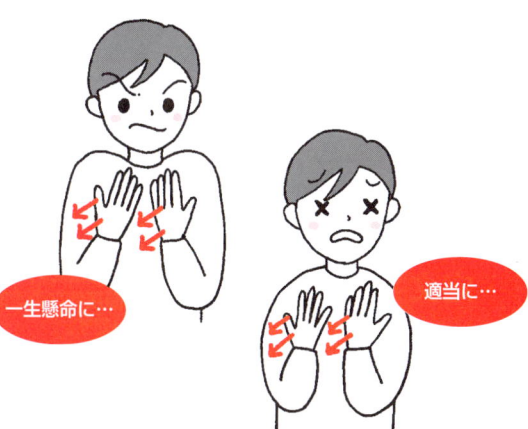

一生懸命に…　　　適当に…

手話の特徴とポイントを押さえたところで、
さっそく文章を作ってみましょう。
次のページからは文章を作るときの「単語の並べ方」を解説します。

単語の並べ方

肯定文

手話の語順は、基本的に「主語＋目的語＋述語」です。主語は文頭に置くことが多いですが、指差しをして再度文末に置くこともあり、"再確認"の意味を含んでいます。何を強調したいかによって語順が変化するというわけです。

わたしはあなたが好きです。

否定文

否定は「主語＋目的語＋述語＋否定語」という具合に、述語のあとに、「違う」や「ない」といった否定的な単語をつけます。ただし、「嫌い」「だめ」など直接的な否定的な単語がある場合は、それを使うことが多いです。

わたしはあなたを好きではありません。

= 手話ってナニ？

疑問文 基本的に肯定文の語順と変わりありませんが、最後の単語を表現するときの「表情」が重要になります。例えば、「今、仕事は忙しいですか？」という問いかけをする場合、最後の「あなた」という表現をしながら、疑問の表情を作ります。

今、仕事は忙しいですか？

また、「何？」「誰？」「どこ？」「どれ？」などの疑問詞は、必ず文末に置きます。

出身はどこですか？

手話ってナニ？

{ 単語 の並べ方 }

過去形

過去形は、「昨日」「以前」などの過去を表す単語を付けて表現します。しかし、「おいしかった」のように時制を表す単語がない場合は、手の動きを終えた時点で「ぱ」という口型を付けます。また、「飲んだ（飲む＋終わる）」のように「終わる」という単語を付けて表すこともあります。

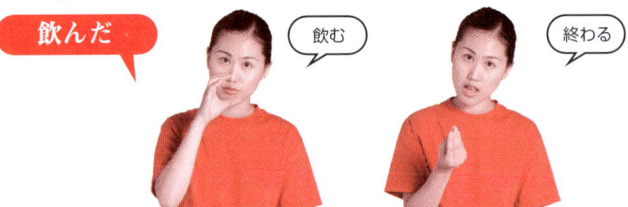

飲んだ / 飲む / 終わる

未来形

未来形は、「今度」「明日」などの未来の時制を表す単語を付けて表現します。

明日、試験があります。 / 明日 / 試験

さて、手話の基本はわかりましたか？
頭で考えるよりも、実践してみましょう！
いろいろな表現方法を覚えるのはなかなか楽しいもの。
さあ、一緒に始めましょう！

五十音順早引き単語集

普段の会話の中でよく使われる言葉を、
辞書のようにあいうえお順で掲載しています。
動作説明はもちろん、表現方法のポイントや参考解説、
使い方例も紹介しているので、
隅々までチェックして活用してください。

愛 　　　　　　　　　　　　人の頭をなでる様子

下向きにした左手の甲を、右手のひらでなでるように回す。

●わたし＋あなた＋愛＝**わたしはあなたを愛しています**

🔁 愛する、大事、大切、ポイント
💡「愛知」は、左手の親指を立てて、右手でなでるように水平に回す。

あいさつ
人差し指を人に見立て、人が腰を曲げ、おじぎをする様子

両手の人差し指を立てて向かい合わせる。

人差し指を、同時に折り曲げる。

●**朝**＋あいさつ＝**おはよう**　　●**昼**＋あいさつ＝**こんにちは**
●**夜**＋あいさつ＝**こんばんは**　　※いずれも丁寧な表現

💡人差し指の代わりに、両手の親指を立てて向かい合わせ、指を曲げる表現もある。

会う

人差し指を人に見立て、人と人が会う様子

両手の人差し指を左右で構える。

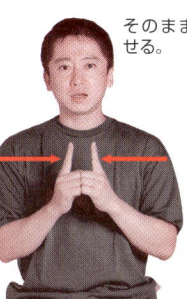
そのまま中央に寄せる。

- ●あと+会う=**あとで会う** ●待つ+会う=**待ち合わせ**

参 左右から引き寄せる代わりに、前後から引き寄せてもよい。また、驚いた表情を付け、勢いをつけて両手をぶつけるようにすると、「ばったり会う」という意味になる。

青

ひげをそったあとの青々とした肌を表す

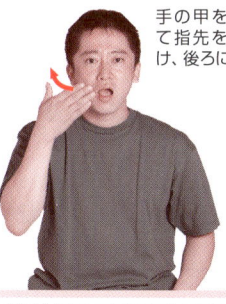
手の甲を前に向けて指先をほおに付け、後ろに引く。

- ●青+空=**青空** ●青+森=**青森** ●青+信号=**青信号**

参 「青」を2回表現すると「倉敷」となる。また、手をほおにあてて、あごのラインに沿って横に動かすと「おいしい」の意味になる。

赤

唇の色を表す

人差し指を立て、唇にあて、横に引く。

- ●赤+**休む**=**日曜日**   ●赤+**計算**=**赤字**
- ●赤+**セーター**=**赤いセーター**

反 唇ではなく、歯を指差して横に引くと「白」の意味になる。

赤ちゃん

赤ちゃんのしぐさを表す

両手のこぶしを顔の横で軽く振る。

- ●**うさぎ**+赤ちゃん=**うさぎの赤ちゃん**   ●赤ちゃん+**雑誌**=**ベビー雑誌**

同 子ども、幼児
参 赤ちゃんを抱っこするしぐさで表現することもある。

明かり

明かりがパッとつく様子

 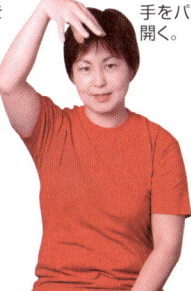

指先を閉じた手を頭の上で構える。

手をパッとはじいて開く。

●**部屋**+明かり=**室内照明**　●**夜**+明かり(位置をずらして2回)=**街灯**

(同) 明かりがつく、電気がつく
(参) 「明かり」を2回表現すると、「電気」「蛍光灯」「ライト」の意味。

明るい

目の前が開ける様子

両手のひらを前に向けて交差させ、左右に開く。

●**部屋**+明るい=**部屋が明るい**　●**ある**+明るい=**有明**

(同) 始まる、始める、晴れ
(反) 顔の前で、両手のひらを左右から交差させると「暗い」の意味になる。

飽きる

気持ちがなえてしまう様子

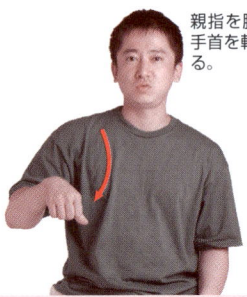

親指を胸にあてて、手首を軸にして下げる。

● ハンバーガー＋1週間＋飽きる＝**ハンバーガーが1週間続いて、飽きてしまった**

● 体に触れず、立てた親指を倒すだけでも表現できる。また、「もういいや」という意味で使われることもある。

アクセサリー

パールのネックレスを表す

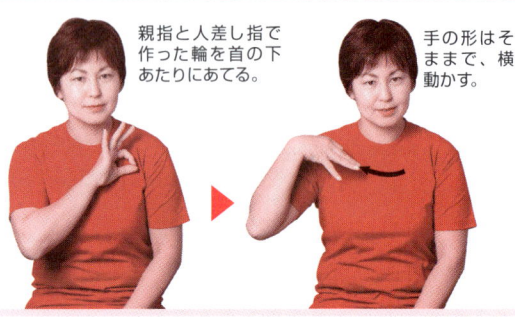

親指と人差し指で作った輪を首の下あたりにあてる。

手の形はそのままで、横へ動かす。

● **流行る**＋アクセサリー＝**流行のアクセサリー**

● ネックレス
● 「ピアス」「指輪」など、具体的なアクセサリーはそれぞれの形を表現する。

浅い

底までの距離が短い様子

両手を軽く曲げ、右手を上、左手を下に構え、左手を持ち上げる。

- ●海＋浅い＝**海が浅い**　●川＋浅い＝**川が浅い**
- ●経験＋浅い＝**経験が浅い**　●眠い＋浅い＝**眠りが浅い**

参「経験が浅い」など数量や程度を表すときにも使われる。

味わう

食物がのどを通っていく様子

人差し指をのどにあて、下げる。

- ●食べる＋味わう＝**食べたことがある**　●感動＋味わう＝**感動した**

参「味」は人差し指で舌を指して表現する。
参「動詞＋味わう」で「〜したことがある」という意味になる。

預かる　　　　　　　　　物を受け取る様子

両手のひらを上に向け、
そろえて手前に引く。

- ●**お金**＋預かる＝**お金を預かる**
- ●**娘**＋**子ども**＋預かる＝**娘の子ども(孫)を預かる**

同 もらう

焦る　　　　　　　　　　心が落ち着かない様子

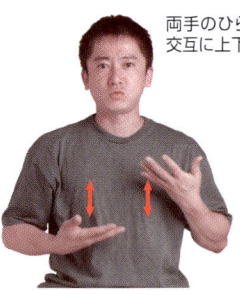

両手のひらを上に向け、
交互に上下させる。

- ●焦る＋**失敗**＋**気をつける**＝**焦ると失敗するから、気をつけて**

同 慌てる
反 両手のひらを上に向け、指先を付けて、胸の前で下げると「落ち着く」の意味。

遊ぶ

「遊ぶ＋場所」で「公園」の意味になる

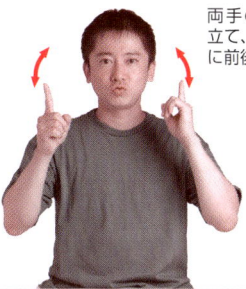

両手の人差し指を立て、頭の横で交互に前後させる。

● **遊ぶ**＋**建物**＝**ゲームセンター**　　● **おもちゃ**＋**遊ぶ**＝**おもちゃで遊ぶ**

同 遊び、ゲーム
参 両手の人差し指と中指を立て、交互に動かすと「会社」の意味になる。

与える

物を渡す様子

両手のひらを上に向け、そろえて前に出す。

● **食事**＋**与える**＝**食事を与える**　　● **血**＋**与える**＝**献血**

同 あげる、返す、渡す、提供、奉仕
参 片手だけで表現することもできるが、ラフなニュアンスになる。

あ 頭

体の部分を表現するときは、各部位に触れて示す

手で頭をさわる。

- ●頭+痛い=**頭痛**　●頭+よい=**頭がいい**　●頭+頭=**考えが足りない**
- ●頭+かたい=**頑固**　●頭+悪い=**頭が悪い**

同 意識、思う、感覚、感じる

頭にくる

怒った表情を付け、最後は口を尖らせながら表す

人差し指をこめかみにあてる。

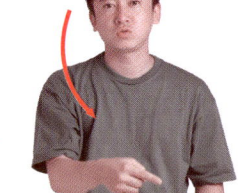

そのまま下に振りはらう。

- ●上司+頭にくる=**上司にむかつく**　●行動+頭にくる=**行動が気に入らない**
- ●蹴る+頭にくる=**蹴られて頭にきた**

同 むかつく

新しい

目の前あたりで同じ動作を1〜2回すると「珍しい」の意味になる

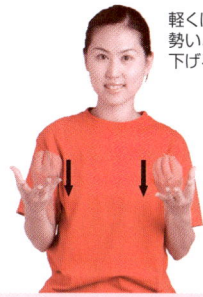

軽くにぎった両手を勢いよく開きながら下げる。

- ●新しい+**歌う**=**新曲** ●新しい+**年**+**会**=**新年会**

🗒 新鮮
💡 両手を開きながら上げると「おめでとう」の意味。

厚い

厚みがある様子

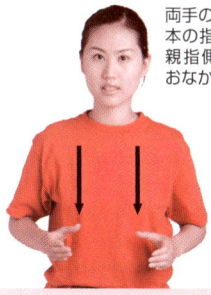

両手の親指と他の4本の指の間を開け、親指側を胸に付けおなかまで下げる。

- ●**本**+厚い=**厚い本** ●厚い+**10**+**センチメートル**=**厚さ10センチメートル**

💡 同じ形の手をほおにあてて下げると、「面の皮が厚い=厚かましい」の意味。
🔄 逆に指の間を狭めると「薄い」の意味になる。

集まる

人や物が集まる様子

両手を軽く曲げ、中央に寄せる。

● 集まる＋**場所**＝**集合場所**　● 集まる＋**時間**＝**集合時間**

同 集合
参 両手を左右から寄せてから前に出すと、「みんなで（集まって）行く」の意味。

あなた

相手を指して示す

人差し指で相手を指す。

● あなた＋**みんな**＝**あなたたち**
● あなた（疑問の表情で）？＝**あなたはどうですか？**

反 人差し指で自分を指すと「わたし」の意味になる。

兄

上に上げることで、年齢が上であることを表す

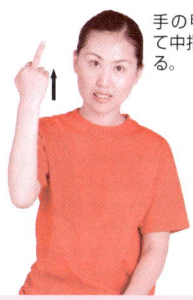

手の甲を前に向けて中指を立て、上げる。

● 父＋兄＝**伯父**　　● あれ＋男＋あなた＋兄？＝**あの人は君のお兄さん？**

両手の中指を立て、右手を上げ、左手を下げると「兄弟」の意味になる。
同じ形の手を2回下げると「弟」の意味になる。

姉

上に上げることで、年齢が上であることを表す

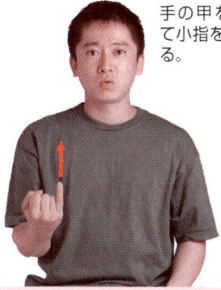

手の甲を前に向けて小指を立て、上げる。

● 母＋姉＝**伯母**　　● 姉＋きれい＝**姉は美人です**

両手の小指を立て、右手を上げ、左手を下げると「姉妹」の意味になる。
同じ形の手を2回下げると「妹」の意味になる。

脂っこい

1つ目の動作だけだと、「油」の意味になる

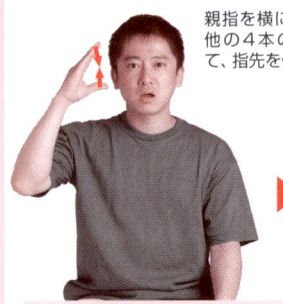

親指を横に伸ばし、他の4本の指を立て、指先を付ける。

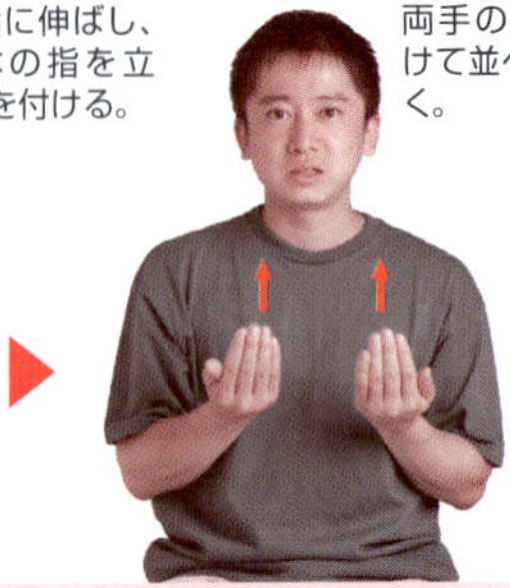

両手の甲を前に向けて並べ、手前に引く。

● **これ**＋**ピザ**＋脂っこい（疑問の表情で）？＝**このピザ、脂っこくない？**

🔶 1つ目の動作だけで「油」「脂肪」の意味になる。また、「油」を2回繰り返して表現すると「石油」の意味になる。

甘い

指を曲げて口元で回すと「辛い」の意味になる

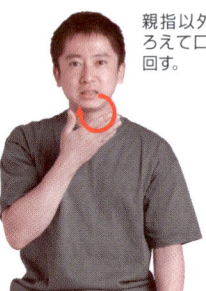

親指以外の指をそろえて口元に置き、回す。

● 甘い＋**ケーキ**＝**甘いケーキ**　● 甘い＋**酒**＝**甘酒**
● 甘い＋**口**＝**甘口**　● **自分**＋甘い＝**自分に甘い**

🔶 砂糖、デザート、佐藤（姓）

怪しい

「怪しいな」といぶかる様子

人差し指を口元にあてる。

- ●**あれ**＋**男**＋怪しい＝**あの男が怪しい**
- ●**病気**＋怪しい＝**病気の疑い**

🔄 疑う、おかしい、疑問、不思議
📝 人差し指をあごにあて、ねじるように動かす表現もある。

洗う

洗濯物を手で洗う様子

両手のこぶしをこすり合わせる。

- ●**洗う**＋**場所**＝**洗い場**
- ●**服**＋**洗う**＝**服を洗う**

🔄 洗濯
📝 「手を洗う」を表すときは、両手のひらをこすり合わせる。

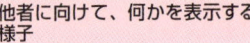

表す

他者に向けて、何かを表示する様子

左手のひらを前に向け、右手の人差し指を左手のひらに付け、両手を少し前に出す。

● **気分**+表す=(自分の)**気持ちを表す**　● **手話**+表す=**手話表現**

(同)掲げる、示す、表現
(参)手前に起こすと「現れる」の意味になる。

ある

何かが存在していることを表す

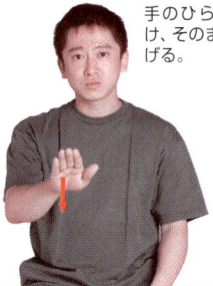

手のひらを下に向け、そのまま下へ下げる。

● ある+**明るい**=**有明**　● **食べる**+ある(疑問の表情で)?=**食べたことがある?**

(参)「(〜したことが)ある?」「〜を持っている?」と尋ねられて、「ある」と答えるときなどにも使う。

歩く

人が2本の足で歩く様子

人差し指と中指を下に向け、交互に動かしながら歩く方向に移動させる。

● **食べる**＋**歩く**＝**食べ歩き**　● **歩く**＋**行く**＝**歩いて行く**

関 徒歩
歩 指を速く動かすと「早足で歩く」、ゆっくり動かすと「ゆっくり歩く」という意味。

アルバイト

「仮の仕事」という表現で表す

右手の親指と人差し指で輪を作り、左手の甲に付ける。

両手のひらを上に向け、左右から中央に2回近付けては離す。

● **わたし**＋**アルバイト**＝**わたしはアルバイトです**

歩 1つ目の動作だけだと「仮」「仮に」「たとえ」「たとえば」「もし」「例」、2つ目の動作だけだと「仕事」「職業」「働く」という意味になる。

あれ

対象物の位置によって、指す方向が変わる

人差し指で、対象物を指す。

- ●トイレ+あれ=**トイレはあちらです**　●あれ+欲しい=**あれが欲しい**

- 同 あちら、あっち、向こう
- 反 近くの物を指すと、「これ」という意味になる。

胃

小指を立てるのは指文字の「い」

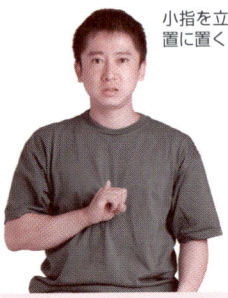

小指を立て、胃の位置に置く。

- ●胃+重い=**胃もたれ**　●胃+薬=**胃薬**
- ●胃+痛い=**胃痛**　●胃+火事=**胃炎**

- 参 親指と人差し指で、胃の形を描く表現もある。

言う

人差し指を口元にあててから前に出す表現もある

手を軽くにぎって口元に置く。

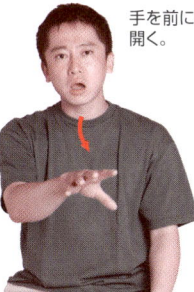
手を前に出しながら開く。

● **昨日**+**言う**+**わたし**(疑問の表情で)？= **昨日わたしが言った？**

同 話、話す、(～と)申します(自己紹介するとき)
反 「言われる」は、軽くにぎった手を自分に向け、自分のほうに手を出しながら開く。

家

家の屋根の形から

手のひらを下に向けた両手をななめにし、指先を合わせる。

● **家**+**場所**= **住所**   ● **家**+**出る**+**中**= **外出中**   ● **家**+**みんな**= **家族**

同 屋根　参 「家」の形を作って手前に起こすと「家を建てる」、横に移動させると「引っ越し」の意味になる。

行く

「わたしが行く」「みんなで行く」など、単数でも複数でも使える

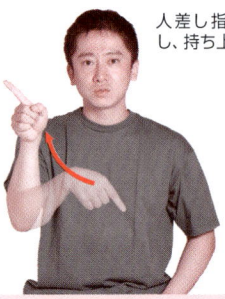

人差し指を前に出し、持ち上げる。

- **駅**+行く=**駅に行く**　●行く+**終わる**=**行った**
- **いつも**+行く+**レストラン**=**行きつけのレストラン**

参 親指を立てて、前方に動かす表現もある。

いくつ

数を数える様子から

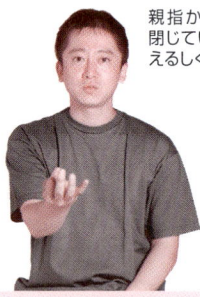

親指から順に指を閉じていき、数を数えるしぐさをする。

- **本**+いくつ（疑問の表情で）？=**本は何冊？**
- **お金**+いくつ（疑問の表情で）？=**いくら？**

参 あごの下で表現すると、「年齢」の意味になる。

居酒屋

「飲酒＋場所」という表現で表す

親指と人差し指を軽く曲げ、口元に近付ける。

すべての指を軽く曲げて下に向け、少し下げる。

- ●居酒屋＋行く＝**居酒屋に行く**
- ●いつも＋行く＋居酒屋＝**行きつけの居酒屋**

💡 1つ目の動作だけだと「飲酒」、2つ目の動作だけだと「場所」という意味になる。

医者

性別関係なく使える表現だが、具体的に「女医」と表したときは「脈＋女」を表す

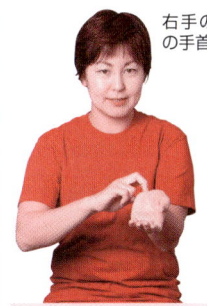

右手の指先を左手の手首にあてる。

右手の親指を立てる。

- ●**歯**＋医者＝**歯医者**　●**目**＋医者＝**眼科医**
- ●**脈**＋**建物**＝**病院**　●**子ども**＋医者＝**小児科医**

💡 1つ目の動作だけだと「脈」「医療」、2つ目の動作だけだと「男」という意味になる。

い

イス
左手をイス、右手の指を人の足に見立てている

右手の人差し指と中指を曲げて、左手の人差し指と中指の上に乗せる。

●**木**+イス=**木のイス**　　●イス+**お金**=**席料**

(同)出席する、座る、席、乗り物、乗る
(参)右手の指は、左手の指の真ん中あたりに乗せるようにする。

忙しい
忙しくて、ごちゃごちゃしている様子

軽く曲げた両手の指先を下に向け、交互に水平に回す。

●**明日**+忙しい+**わたし**=**明日は忙しい**　　●**仕事**+忙しい=**忙しい仕事**

(同)ごちゃごちゃ
(反)「暇」は、両手を広げて胸のあたりに置き、手首を返して手のひらを上にする。

痛い

表現するとき、顔の表情も痛そうにする

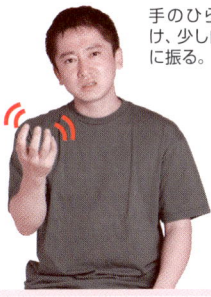

手のひらを上に向け、少し曲げて左右に振る。

- ●頭+痛い=**頭痛**
- ●歯+痛い=**歯が痛い**
- ●胃+痛い=**胃痛**
- ●痛い+**止める**+薬=**痛み止め**

参 痛い部位の近くで表す。

いたずら

表情を軽く、からかうように表現すると「からかう」の意味になる

人差し指を伸ばして鼻の上で構え、下に振りはらう。

右手の指先をすぼめ、立てた左手の親指をつつく。

- ●いたずら+**止める**=**いたずらはやめなさい**
- ●いたずら+**好き**=**いたずら好き**

参 1つ目の動作だけだと「いじめ」「いじめる」の意味になる。

一度

数字の「1」で表現する

人差し指を立てる。

- ●一度+**ない**①=**一度もない**
- ❀数字「1」の形を作り、胸にあて前に出すと「一番」の意味。また、左手の人差し指を右手の人差し指にあて、指先に向かってすべらせると「一部」の意味。

いつ

片手で表現することもできる

両手を開いて上下に構える。

両手の指を同時に親指から順に折り曲げる。

- ●**会う**+いつ（疑問の表情で）？=**いつ会う？**
- ●**誕生日**+いつ（疑問の表情で）？=**誕生日はいつ？**
- ❀日にちを尋ねるときにも使う。時間を尋ねるときには「時間+いくつ」を使う。

いとこ

数字の「2」の手の形をゆらして表現する

人差し指と中指を立てて甲を前に向け、左右に振る。

●**わたし**+**彼**+いとこ=**わたしと彼はいとこ同士です**

㋙ 親指と人差し指を付けた両手をほおの横で合わせ、左右どちらかの手のみを前に出すという表現もある。

イベント

皿回しの様子

両手の親指と人差し指を付け、頭の横で回す。

●イベント+**会社**=**イベント会社**　●**スポーツ**+イベント=**スポーツイベント**

㋧ フェスティバル
㋙ 両手の人差し指をこめかみあたりに置き、前から後ろに回すと「ヒツジ」の意味になる。

居間

「いる＋場所」で表現する

手のひらを内側に向けた両手でこぶしを作って、下げる。

すべての指を軽く曲げて下に向け、少し下げる。

- ●**母**＋居間（疑問の表情で）？＝**お母さんは居間にいる？**
- 1つ目の動作だけだと「いる」「住む」「存在」、2つ目の動作だけだと「場所」「〜所」「〜場」という意味になる。

妹

小指は「女性」を意味していて、下げることで年齢が下であることを表す

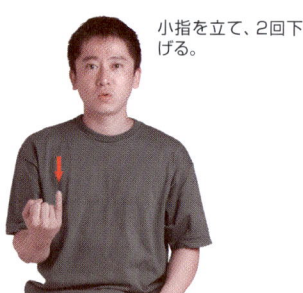

小指を立て、2回下げる。

- ●**母**＋妹＝**叔母**　●妹＋賢い＝**妹は賢い**
- 両手の小指を立て、右手を上げ、左手を下げると「姉妹」の意味になる。
- 同じ形で1回上げると「姉」の意味になる。

嫌がる

ある動作をすることを嫌がるときに使う

軽く曲げた親指と人差し指の先を体に付ける。

- ●**食べる**+**嫌がる**=**食べるのを嫌がる**
- ●**会う**+**嫌がる**=**会うのはイヤ**

🔁嫌い、イヤ 　参「彼」や「イヌ」といった物を嫌うときは、親指と人差し指を付けてあごの下に置き、パッと開きながら下げるという表現を使う。

イライラ

頭の横で手をパッパッと開きながら上げていく表現もある

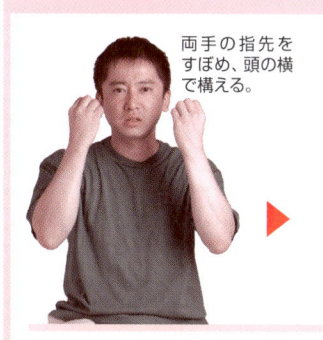

両手の指先をすぼめ、頭の横で構える。

指先を、2〜3回付けたり離したりする。

- ●**暑い**+**イライラする**=**暑くてイライラする**
- ●**失敗**+**イライラする**=**失敗してイライラする**

参両手の指先をすぼめ、頭の横でねじり上げていくと「感動」の意味になる。

入り口

「入る+口」で表現する

両手の人差し指で「入」を作り、前に倒す。

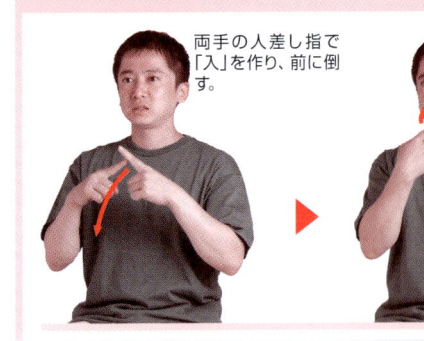

人差し指を口元で1周回す。

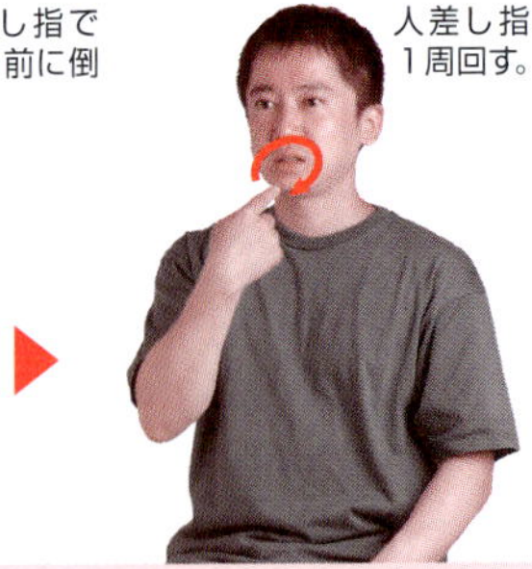

- ●入り口+待つ=**入り口で待ってる**　●図書館+入り口=**図書館の入り口**

- 反 「出る+口」で「出口」の意味になる。
- 応 「入る+学校」で「入学」の意味。ただし、「入院」や「輸入」には使わない。

いる

人や動物がいることを表現するときに使う

にぎった両手を体の前で構え、少し下げる。

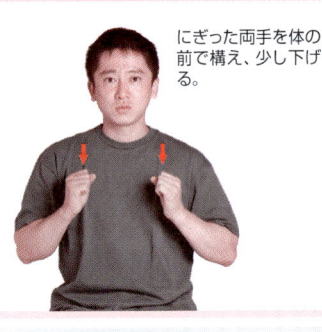

- ●いる+場所=**居間**　●いる+ない①=**いない**
- ●海外+いる=**海外在住**

同 住む、存在

言われる

「言う」とは逆の動作で表現する

軽くにぎった手を体の前に置く。

顔に向かって手を開く。

- ●言われる+**ない**①=**言われていない**
- ●わたし+**めがね**+**似合う**+言われる=**わたしはめがねが似合うと言われる**

反 軽くにぎった手を口元に置き、手を前に出しながら開くと「言う」の意味。

インターネット

「ネット」のイメージから

左手のこぶしの上に小指を立てた右手を置き、逆方向に両手を垂直に1回転させる。

両手のひらを下に向けて、平泳ぎの手と逆回しに前に出す。

- ●インターネット+**買う**=**ネットショッピング**
- ●インターネット+**探す**=**インターネットで検索する**

参 1つ目の動作だけだと「国際(的)」の意味になる。

ウイスキー

ウイスキーの頭文字である「W」を指文字で表す

人差し指、中指、薬指を立て、ほおの前で軽く動かす。

- ●わたし+ウイスキー+好き=**わたしはウイスキーが好きです**
- ●あなた+ウイスキー+飲む(疑問の表情で)?=**ウイスキーを飲む?**

参 ほおの横で、手を横にして円を描くように回すと「ワイン」の意味になる。

ウーロン茶

指文字の「う」と「お茶」で表す

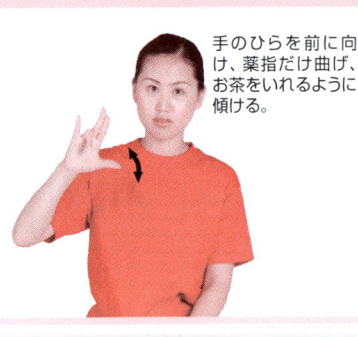

手のひらを前に向け、薬指だけ曲げ、お茶をいれるように傾ける。

- ●温かい+ウーロン茶=**ホットウーロン茶**
- ●冷たい+ウーロン茶=**アイスウーロン茶**

参 「中国+お茶」で表現することもできる。

上

漢字の「上」の形から

親指と人差し指を伸ばして、上げる。

- ●上＋司＝**上司**　●上＋海＝**シャンハイ**
- ●上＋田＝**上田**　●川＋上＝**川上**

参 人差し指だけで上を指す表現もある。

動く

活発に動いている様子

両手でこぶしを作って、交互に前後させる。

- ●就職＋動く＝**就職活動**　●動く＋中＝**活動中**

同 活躍、活発、活動
参 両手でこぶしを作って、同時に2回下げると「元気」の意味になる。

失う

そこにあったものがフッとなくなってしまう様子

両手のひらを前に向ける。

こぶしを作りながら、胸の前で両手を交差させる。

● はさみ＋失う＝**はさみがなくなる**　　● 信じる＋失う＝**信用を失う**

同 乾く、乾燥、消える、治る、なくなる
参 左手のひらに右手を乗せ、右手だけを前にすべらせると「売り切れ」の意味。

薄い

「薄い」は「(厚さが)薄い」と「(色が)薄い」で、表現方法が異なる

厚さが薄い
両手とも親指と人差し指の間を開けておき、狭める。

色が薄い
両手のひらを向かい合わせ、左右にこすり合わせる。

● 本＋薄い＝**薄い本**
● 肉＋薄い＝**薄い肉**

● 薄い＋緑＝**薄緑**
● 薄い＋ピンク＝**淡いピンク**

反 指を広げると、「厚い」の意味になる。

同 淡い

うそ

驚いて「うそ！」と表すときは、驚いた表情をする

人差し指でほおをつつく。

- ●うそ+**日**=**エイプリルフール**   ●うそ+**悪い**=**うそはよくない**

同 故意、わざと
反 「本当」は、手を顔と垂直に構え、あごを軽く叩く。

歌う

リズミカルに声が出る様子

両手の人差し指と中指を立て、口元から頭の横に上げる。

- ●**新しい**+歌う=**新曲**   ●**子ども**+歌う=**童謡**   ●**日本**+歌う=**日本の歌**

同 歌、ライブ
参 片手だけで表現することもできる。

疑う

「怪しいな」といぶかる様子。人差し指をあごにあてるだけでもよい

親指と人差し指をあごにあてる。

●**病気**＋疑う＝**病気の疑いがある**　●疑う＋**文**＝**疑問文**

同 怪しい、おかしい、疑問、不思議
参 人差し指をあごにあて、ねじるように動かす表現もある。

移す

物を移動させる様子

軽く曲げた両手のひらを下に向け、中央から横に同時に移動させる。

●**テーブル**＋移す＝**テーブルを移す**
●**場所**＋移す＝**場所を移す**

参 「引っ越し」は、両手の指先を合わせ「家」という形を作り、横へ移動させる。

生まれる

おなかから赤ちゃんが生まれる様子

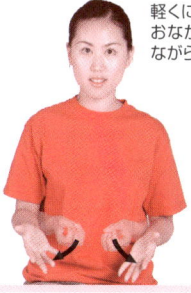

軽くにぎった両手をおなかにあて、開きながら前に出す。

- ●生まれる+日=誕生日　●昭和+50+生まれる=昭和50年生まれ

同 出産、誕生、産む、出身
参 おなかにあてる両手のひらの向きは、上向きでも下向きでもよい。

海

水が流れる様子

上に向けた手のひらを波立たせながら横に引く。

- ●海+日=海の日　●海+始まる=海開き
- ●上+海=シャンハイ　●東+海=東海

同 水曜日、水

裏切る

言った内容を変えるというイメージ

人差し指と中指を立てて人差し指をあごに付け、手首を返して中指をあごに付ける。

- **女性**＋裏切る＝**彼女は裏切った**　●裏切る＋**嫌がる**＝**裏切りはイヤ**
- ●裏切る＋**ない②**＋**お願い**＝**言い訳しないでね**

同 言い訳

うらやましい

うらやましくて、よだれが垂れる様子

人差し指を口の端にあて、そのまま下げる。

- ●**結婚**＋**終わる（疑問の表情で）?**＋うらやましい＝**結婚したの？うらやましい**

同 うらやむ、羨望（せんぼう）する
参 「幸せ＋あなた」で表現することもできる。

運動会

「競う＋会」で表現する

親指を立てた両手を向かい合わせて左右に置き、交互に前後させる。

両手のひらを下に向けてななめにし、そのままななめ下に引く。

- ●わたし＋運動会＋好き＝**運動会が好き** ●小学校＋運動会＝**小学校の運動会**

参 1つ目の動作だけだと「競う」、2つ目の動作だけだと「会」の意味になる。
参 1つ目の手の形で、親指を交互に上下させると「争う」「ライバル」の意味になる。

英語

イギリス・バッキンガム宮殿の兵隊のあごひもを表す

人差し指と中指をあごの下にあてて、あごに沿って横に引く。

- ●英語＋先生＝**英語の先生** ●英語＋試験＝**英語の試験**

同 イギリス
参 ペンを持って、グルグルと書く様子で表現することもできる。

駅

切符にはさみを入れる様子

左手のひらを上に向け、右手の親指と人差し指ではさむ。

● **大阪**＋駅＝**大阪駅**　● 駅＋**前**＝**駅前**

同 改札、切符
参 「駅＋場所」で表現することもある。

エスカレーター

エスカレーターの手すりに手を置き、上がっていく様子

エスカレーターの手すりに手を置くように、ななめに上げる。

● **エスカレーター**＋**行く**＝**エスカレーターで行く**

同 エスカレーターで上がる
反 「エスカレーターで下りる」は、手をななめに下げていく。

選ぶ

左手を人や物に見立て、ピックアップする様子

右手の親指と人差し指で、左手を引くようにして両手を上げる。

- ●仕事＋選ぶ＝**仕事を選ぶ**　●服＋選ぶ＝**服を選ぶ**

圓 採用、選択、取り上げる
参 いくつかある中から1つを選ぶ場合は、5本指を立てどれか1本を右手でつまむ。

得る

ある物が自分のほうへやってくる様子。「得する」のイメージ

指先を前に向け、軽く曲げた手をそのまま手前に引く。

- ●安い＋得る＝**安くて得した**　●買い物＋得る＝**買い物で得をする**

圓 得する
参 手をにぎりながら、手前に引く「取る」の表現で表すこともある。

エレベーター

右手を人に見立て、エレベーターに乗っている様子を表現する

左手のひらに、右手の人差し指と中指を付ける。

そのまま上げる。

● エレベーター＋**女性**＝**エレベーターガール**

㊥ エレベーターで上がる
㊫ 「エレベーターで下がる」は、同じ手の形のまま両手を下げる。

円

お金の「円」のときに使う

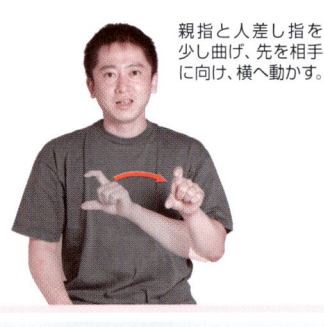

親指と人差し指を少し曲げ、先を相手に向け、横へ動かす。

● 円＋**(値段が)高い**＝**円高**　　● **100**＋円＝**100円**
● 円＋**安い**＝**円安**

㊟ 「丸い」という意味の「円」は、人差し指で円を描いて表現する。

延期

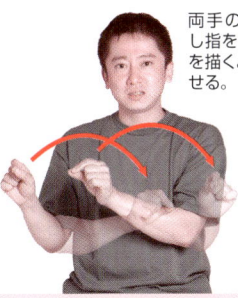

あちらからこちらへ移動している様子

両手の親指と人差し指を付け、横に弧を描くように移動させる。

- ●**試合**+延期=**延長戦**　●**雨**+延期=**雨天順延**
- ●**試験**+延期=**試験を延期する**　●**1**+**時間**+延期=**1時間延長**

同 延長

おい

指文字の「お」と「い」で表現する

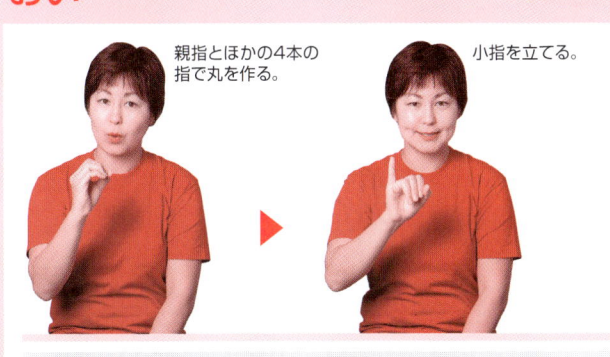

親指とほかの4本の指で丸を作る。

小指を立てる。

- ●**明日**+おい+**会う**+**行く**=**明日おいに会いに行く**

具体的な関係がわかっている場合には、「兄(弟)+息子」や「姉(妹)+息子」と表現する。

おいしい

どちらかというと男性的な表現

右手を左ほおにあてる。

そのまま右手をあごのラインに沿って、右ほおまで移動させる。

- ●**これ**+おいしい=**これはおいしい**
- ●**ケーキ**+おいしい=**おいしいケーキ**

参 手のひらをほおにつけて、2～3回軽く叩く女性的な表現もある。
反 指の腹をあごにつけてから前に出すと「まずい」の意味になる。

追う

両手の指をそれぞれ人に見立て、追う様子を表現する

両手の人差し指を立てて、左右に構え、同時に横に動かす。

- ●**イヌ**+追う=**イヌを追う**
- ●追う+**男性**(女性)=**ストーカー犯**

同 ストーカー
反 「追われる」は両手の甲を前に向けて、人差し指を立て、手前に引き寄せる。

大きい

物の大きさを表現する

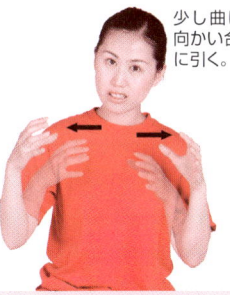

少し曲げた両手を向かい合わせ、左右に引く。

● 赤ちゃん＋大きい＝**大きな赤ちゃん**　● 家＋大きい＝**大きな家**

参 手を大きく開くほど、より大きい意味になる。
反 両手を真ん中に寄せると「小さい」の意味になる。

OK

OKサインで表現する。両手で表現することもできる

親指と人差し指で輪を作る。

● これ＋よい＋OK＝**気に入った**　● 明日＋行く＋OK＝**明日行っていいよ**

参 「食べる＋可能」のほかに、「食べる＋OK」で「食べられる」と表すこともできる。手軽な表現なので、頻繁に使われている。

お金

親指と人差し指で作った輪は、コインを表す

親指と人差し指で輪を作る。

- ●**本当**+お金=**現金**　●お金+**経済**=**金融**　●**年**+お金=**年金**
- 関 金曜日、値段、料金
- 参「(値段が)高い」は、輪を作った手を上げて表す。

怒る

感情がわき出る様子

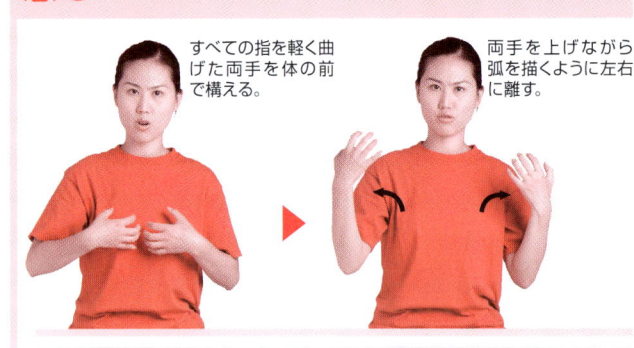

すべての指を軽く曲げた両手を体の前で構える。

両手を上げながら弧を描くように左右に離す。

- ●怒る+**とても**=**激怒**
- ●怒る+**易しい**=**怒りっぽい**
- 参 力強く動かすと、「とても怒っている」という意味になる。

おごる

両手で作った輪は、お金を表す

両手の親指と人差し指で輪を作り、交差させる。

手前に出しながら指を開く。

● **今日**+**わたし**+**おごる**=**今日はわたしがおごります**

参 右手の親指と人差し指で輪を作り、左手を下に添えて、同時に出すという表現で表すこともできる。

幼なじみ

一緒に育ったという様子

両手のひらを下に向けて、そろえて並べ、肩くらいまで上げる。

● **わたし**+**女性**+**幼なじみ**=**わたしと彼女は幼なじみです**
● **わたし**+**幼なじみ**+**欲しい**=**わたしも幼なじみが欲しいな**

参 「小さいときから一緒に育った竹馬の友」というイメージ。

おじさん

血縁関係にかかわらず、広く一般的に使う「おじさん」の意味

親指を立てて、手の甲を前に向ける。

手はそのままの形で、手首を前側にねじる。

●**あの＋おじさん＋誰（疑問の表情で）？＝あのおじさん誰？**

参 血縁関係にある「伯父」「叔父」は、「母＋兄」「父＋弟」など具体的に表す。
反 親指の代わりに小指を立て、同じ動作をすると「おばさん」の意味になる。

教わる

知識を自分の中に入れるようなイメージ

人差し指の先を2回ほど自分に引き寄せる。

●**先生＋教わる＝先生に教えてもらう**　●**ゴルフ＋教わる＝ゴルフを教わる**

同 習う
反 「教える」は、人差し指を伸ばして横に向け、2回下に振る。

落ち込む

気持ちが落ちるイメージ

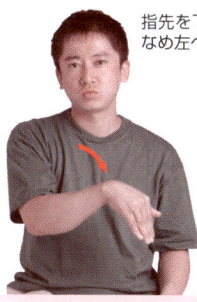

指先を下に向け、ななめ左へ下げる。

●気分+落ち込む=**気分が落ち込む**　●失敗+落ち込む=**失敗して落ち込む**

同 下り坂、下がる、低下
反 手をななめに上げていくと「上がる」の意味になる。

お茶

湯飲みを持っている様子

右手を筒型にして、左手のひらの上に乗せる。

●お茶+飲む=**お茶を飲む**　●お茶+流行る=**お茶ブーム**

同 緑茶
参 親指と小指を伸ばして、親指側に傾ける表現でもよい。

お茶をいれる

右手を急須、左手を湯飲みに見立て表現する

右手の親指と小指を立て親指側に傾け、左手の湯飲みにいれる様子を表す。

- **わたし**+お茶をいれる(疑問の表情で)？=**お茶をいれましょうか？**
- お茶をいれる+**お願い**(疑問の表情で)？=**お茶をいれてくれませんか？**

同 緑茶

夫

親指は男性を意味する

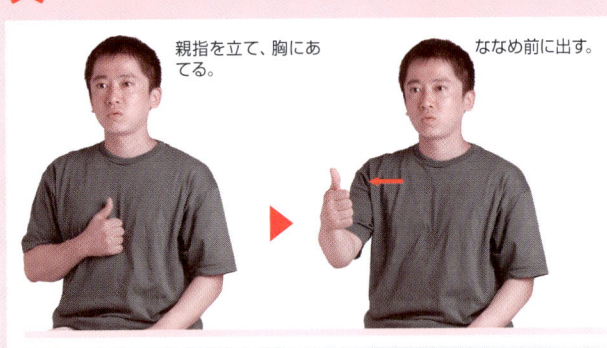

親指を立て、胸にあてる。

ななめ前に出す。

- 夫+**年**+**50**=**夫は50歳**　●夫+**出る**+**中**=**夫は外出中**

参 親指を立てた右手と、小指を立てた左手を付け、右手を前に出すという表現もある。
反 小指を立て、ななめ前に出すと「妻」の意味になる。

弟

手を下げることで年齢が下であることを表す

中指を立て、2回下げる。

●父＋弟＝**叔父**　●弟＋**4**＋後輩＝**弟とは4つ違い**

参 両手の中指を立て、右手を上げ、左手を下げると「兄弟」の意味になる。
反 同じ形の手を1回上げると「兄」の意味になる。

大人

背が高くなる様子

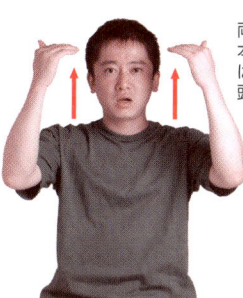

両手の親指以外の4本の指を曲げて伸ばし、肩の位置から頭まで上げる。

●大人＋**お金**＝**成人料金**　●大人＋欲しい＝**大人になりたい**

同 成長、成人、背が高い
参 片手だけで表現することもできる。

お願い

頭を下げて頼み事をする様子

開いた手と顔を垂直に置く。

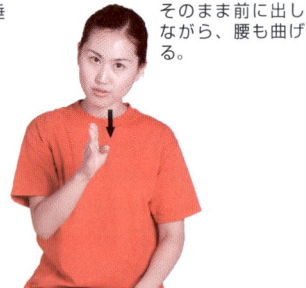

そのまま前に出しながら、腰も曲げる。

- ●**座る**+お願い=**参加してください**
- ●**待つ**+お願い=**待ってください**

同 依頼、〜してください、頼む、願う
参 両手をこすり合わせる表現でもよい。

おばさん

血縁関係にかかわらず、広く一般的に使う「おばさん」の意味

小指を立てて、手の甲を前に向ける。

手はそのままの形で、手首を前側にねじる。

- ●おばさん+**痩せる**+**あれ**=**あのおばさん痩せてるね**

参 血縁関係にある「伯母」「叔母」は、「母+姉」「父+妹」など具体的に表す。
反 小指の代わりに親指を立て、同じ動作をすると「おじさん」の意味になる。

覚える

情報が頭の中に入っていくイメージ

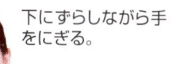

開いた手を頭の横に置く。

下にずらしながら手をにぎる。

●時間+覚える=**時間を覚えている**　●覚える+無理=**覚えられない**

同 暗記、記憶
反 頭の横で、にぎった手をパッと開くと「忘れる」の意味になる。

重い

手を下げることで、重い様子を表現する

両手のひらを上に向けて左右に並べ、同時に下げる。

●胃+重い=**胃もたれ**　●これ+靴+重い=**この靴は重い**

同 重さ
反 両手を同じ形のまま上に上げると「軽い」の意味になる。

思う

頭で感じるイメージ

人差し指をこめかみあたりにあてる。

● 思う+優しい=**思いやり**　　● 思う+ない②=**気にしないで**

同 頭、意識、感覚、感じる
参 頭に指を置いたまま指をねじると「考える」の意味になる。

おもしろい

感情を表す手話は、顔の表情も大事

手のこぶしを胸に数回ぶつける。

● おもしろい+**本**=**マンガ**　　● **あれ**+**男**+おもしろい=**あの人おもしろい**

参 両手もしくは片手でこぶしを作り、小指側でおなかのあたりを同時に2〜3回叩いて表現することもある。

おもちゃ

おもちゃには複数の表現方法がある

乗り物のおもちゃのイメージ
親指と他の4本の指の間を開いて下に向け、左右に動かす。

積み木やねんどのイメージ
両手を軽くにぎり指同士をつけて、上下で構え、組み替える。

- **自動車**＋おもちゃ＝**車のおもちゃ**
- **バス**＋おもちゃ＝**バスのおもちゃ**
- **木**＋おもちゃ＝**木のおもちゃ**
- おもちゃ＋**遊ぶ**＝**おもちゃで遊ぶ**

💬 「遊ぶ」という表現方法でも表すことができる。

降りる

右手を人に見立て、降りる様子を表す

左手のひらに、右手の人差し指と中指をそろえて乗せ、下に振り下ろす。

- **バス**＋降りる＝**バスを降りる**
- **自動車**＋降りる＝**車を降りる**
- **電車**＋降りる＝**電車を降りる**

🔄 「乗る」は、右手の人差し指と中指を、左手のひらの上に乗せる。

お

オレンジ

アルファベットの「O」の指文字で丸い形を表す

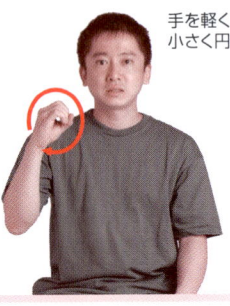

手を軽くにぎり、小さく円を描く。

- ●オレンジ+**イス**=**オレンジ色のイス**
- ●オレンジ+**木**=**オレンジの木**
- ●オレンジ+**服**=**オレンジ色の服**

参「緑」は、両手の甲を前に向け、小刻みに上下させる。

終わる

文の終わりにつけると、過去形の意味になる

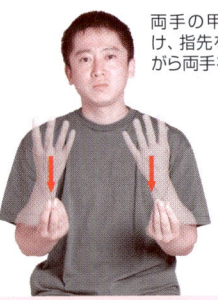

両手の甲を前に向け、指先をすぼめながら両手を下げる。

- ●**勉強**+終わる=**勉強した**
- ●**結婚**+終わる=**既婚**

同 終わり、〜した
参 胸の位置で表現すると「がっかり」の意味になる。

音楽

指揮棒を振る様子

両手の人差し指を立て、左右に振る。

- ●音楽＋**男性**＝**指揮者**　●音楽＋**部屋**＝**音楽室**
- ●音楽＋**試験**＝**音楽のテスト**

🔄 コンサート、指揮

温泉

温泉マークを表す

右手の人差し指、中指、薬指を立て、左手ではさむ。

- ●温泉＋**町**＝**温泉街**　●温泉＋**行く**＝**温泉に行く**

🔄 湯
💬 同じ手の形で、左手で右手を2回はさむと「熱海」の意味になる。

カード

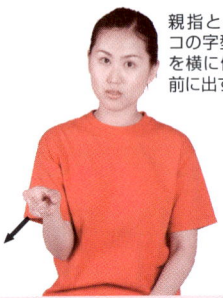

カードの四角い形を表す

親指と人差し指でコの字型を作り、手を横に倒して、少し前に出す。

- ●**D**+カード=**デビットカード**　●**銀行**+カード=**キャッシュカード**

同 プリペイドカード、券、チケット
参 両手の親指と人差し指を伸ばして、四角を作る表現もある。

～階

ここで紹介するのは「2階」という表現

人差し指と中指を横に伸ばし（数字の「2」）、半円を描くように上げる。

- ●**2**+階+**エスカレーター**+行く=**2階にエスカレーターで行く**

参 「階」はその回数の指文字を作り、半円を描くように上げる（もしくは下げる）。そのとき自分がいる階より上か下かで動作が異なる。

海外旅行

「海外+旅行」で表す

両手で丸い形を作って、外側に向けて回す。

伸ばした右手の人差し指と中指を、垂直に立てた左手のひらに添えて回す。

● 海外旅行+行く+欲しい=海外旅行に行きたい

参 1つ目の動作だけだと「海外」「外国」「国際」「世界」「地球」、2つ目の動作だけだと「旅行」の意味になる。

海岸

右手を波、左手を陸に見立てて表す

左手をわん曲させ、右手は伸ばして、左右で構える。

左手の上に右手をあて、2〜3回上げたり下ろしたりする。

● 西+海岸=西海岸　● 東+海岸=東海岸
● 海岸+遊ぶ=海岸で遊ぶ　● 海岸+歩く=海岸を歩く

同 磯、波、浜、浜辺

会社員

「会社＋委員」で表す

両手の人差し指と中指を立て、頭の横で交互に前後させる。

右手の親指と人差し指で輪を作り、左胸に置く。

- ●会社員＋**カード**＝**社員証**
- ●わたし＋会社員＝**わたしは会社員です**

💡 1つ目の動作だけだと「会社」「企業」、2つ目の動作だけだと「委員」「バッジ」という意味になる。

階段

段々になっている、階段の形を表す

人差し指と中指を軽く曲げ、動かしながら上げる。

- ●階段＋階段＋**疲れる**＝**階段が多くて疲れた**

💡 両手のひらを下に向けて並べ、片手だけを段々に上げていく表現もある。また、手を下に下げていくと「階段を下りる」の意味になる。

買う

親指と人差し指で作った輪は「お金」を表している

親指と人差し指で輪を作り、前に出す。

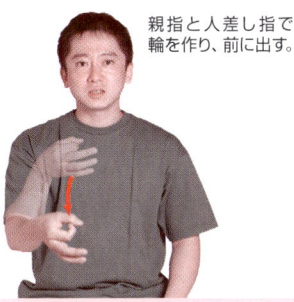

●買う+終わる=**買った**　●買う+建物=**ショッピングセンター**

同 買い物　参 左手のひらを上に向け、引き寄せながら、右手の親指と人差し指で作った輪を出すという表現もある。

かえる

人と人が入れ替わる様子。「変える」「代える」「替える」のいずれの意味でも使える

軽く曲げた両手を丸い物をさわっているように構える。

手首を軸にしてそのまま回転させる。

●町+かえる+終わり=**町が変わってしまった**

同 代わる、交替、代理
参 両手の人差し指で表現することもある。

顔

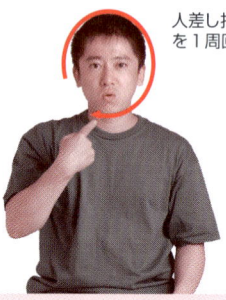

顔の部位は、人差し指でそれぞれを指して示す

人差し指で顔の周りを1周回す。

- ●顔+きれい=**美人** ●よい+顔=**いい顔をしている**
- ●顔+かっこいい=**ハンサム**

※目や鼻、口、歯などはその部位を指して表現する。

かかる

基本的に「(お金が)かかる」というときに使う

左手のひらを上に向け、その上を親指と人差し指で輪を作った右手をすべらせる。

- ●これ+1000+円+かかる=**これは1000円する**

※「(時間が)かかる」は、両手の手首を折り曲げて、手のひらを横に向け、指先を両脇に2回あてるという表現をする。

書く

左手を紙に見立て、何かを書く様子

左手のひらの上に右手で何か書いているように動かす。

- ●書く+紙=**メモ** ●黒+書く=**黒板** ●郵便+書く=**手紙を書く**

鉛筆、記録、サイン、筆談、ペン
縦書きのときは右手を縦に動かし、横書きのときは右手を横に動かす。

学生

昔の学生の兵児(へこ)帯を結ぶ動作を表す

両手を軽く曲げ、体の前に置く。

両手を交互に上下させる。

- ●**大学**+学生=**大学生** ●**高校**+学生=**高校生**
- ●学生+**会**=**生徒会** ●**卒業**+学生=**卒業生**

生徒

傘

傘を開く様子

両手のこぶしをつなげ、上下に離す。

- ●**太陽**+**傘**=**日傘**   ●**雨**+**傘**=**雨傘**
- ●**傘**+**買う**+**終わり**=**傘を買った**

(同) パラソル

賢い

脇で親指と人差し指をはじくと「熱がある」の意味になる

親指と人差し指を付けて頭の横に置く。

親指と人差し指を離しながら、少し上げる。

- ●**賢い**+**学生**=**優等生**   ●**ずるい**+**賢い**=**ずる賢い**

(同) 頭がいい、天才
(反) 「賢くない」は、頭の横にすべての指を広げておき、閉じる。

風邪

せきをする様子

こぶしを口元にあて、小さく前後させる。

● 風邪＋薬＝風邪薬　● 風邪＋中止＝せき止め

同 せき
参 「くしゃみ」は、くしゃみをするしぐさで表現する。

家族

右手は「人々」を、左手は「屋根」を表す

手のひらを下に向けた両手をななめにし、指先を合わせる。

左手を残し、その下で右手の親指と小指を立て、半回転させる。

● 家族＋レストラン＝ファミリーレストラン

参 1つ目の動作だけだと「家」「屋根」の意味になる。
参 「人々」は、両手の親指と小指を伸ばして並べ、ねじりながら左右に離す。

肩

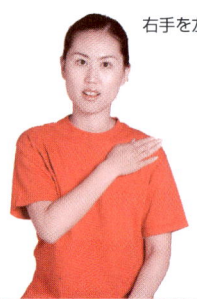

体の部分を表現するときは、各部位に触れて示す

右手を左肩にあてる。

● 肩＋痛い＝**肩が痛い**　● 肩＋重い＝**肩が重い**

参 右手を右肩、もしくは左手を左肩にあててもよい。
参 右手で左肩をはらえば「ブランド」の意味になる。

かたい

「硬い」「固い」「堅い」すべての意味で使える

軽く曲げた手を、ななめ下に勢いよく下げる。

● 頭＋かたい＝**頑固**　● 肉＋かたい＝**硬い肉**

同 丈夫、続ける
参 親指と人差し指を曲げ、ななめ下に強く下ろす表現もある。

肩こり

肩がこって、痛い様子

人差し指で肩をさわる。

手のひらを上に向け、指先を少し曲げて左右に振る。

- ●**50**＋肩こり＝**五十肩**　●肩こり＋**失う**＝**肩こりが治る**

参 1つ目の動作だけだと「肩」、2つ目の動作だけだと「痛い」の意味になる。
参 肩をやや下げて表現する。

がっかり

気持ちがしぼむ様子

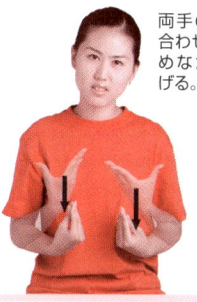

両手の甲を向かい合わせ、指先をすぼめながら両手を下げる。

- ●**デート**＋**取り消す**＋がっかり＝**デートがキャンセルになってがっかりする**
- ●**欲しい**＋**本**＋**ない**①＋がっかり＝**欲しい本がなくてがっかりする**

同 あきらめる、さびしい

かっこいい

かっこよさが目の前に迫ってくるイメージ

軽く曲げた手を手前に引き寄せる。

- ●男性＋顔＋かっこいい＝**彼はハンサム**
- ●服＋かっこいい＝**かっこいい服**

参 何がかっこいいのか、具体的な単語と一緒に表現する。

学校

本を開いて学ぶ様子

やや曲げた両手のひらを上に向けて並べ、同時に上下させる。

- ●中＋学校＝**中学校**　●美術＋学校＝**美術学校**　●学校＋建物＝**校舎**

同 勉強、学ぶ、授業
参 両手のひらを合わせ、左右に開くと「本」の意味になる。

悲しい

目から涙がこぼれる様子

親指と人差し指を付け、目元に置き、下げる。

●悲しい＋**ラブストーリー**＝**悲しいラブストーリー**

🔵 かわいそう、泣く、涙
🔶 両手で表現することもできる。

可能

自信を持って、胸を張る様子

右手の指先を左胸にあてる。

右手の指先をそのまま左胸から右胸へと移動させる。

●**英語**＋可能＝**英語が話せる**　　●**作る**＋可能＝**作れる**

🔵 大丈夫、できる
🔴 「不可能」「できない」は、親指と人差し指でほおを軽くつねる。

彼女

恋人という意味の「彼女」

両手の人差し指の先を下に向け、胸の前で交差させる。

小指を胸の前に立てる。

● 彼女＋**きれい**＝**彼女は美人だ**　　● 彼女＋**ない①**＝**彼女がいない**

- 3人称の「彼女」は、小指を胸の前に立て、横に少し動かす。
- 1つ目の動作だけだと「恋愛」、2つ目の動作だけだと「女」という意味になる。

構わない

質問されて「OK」「大丈夫」と答えるときや、同意するときに使う

小指を立て、あごにあてて軽く叩く。

● **これ**＋**食べる**＋構わない（疑問の表情で）？＝**これ食べてもいい？**

- 同 よい、どういたしまして
- 「〜してもいいですか？」と相手に許可を求めるとき、「構わない」を文末に付ける。

紙

紙をヒラヒラと振る様子

両手の人差し指と親指をそれぞれ付け、手首を前後に振る。

- ●**答える**+紙=**解答用紙**　●**コピー**+紙=**コピー用紙**

※両手の人差し指を伸ばして、四角を描く表現もある。この表現だと、ほかに「四角」「書類」という意味もある。

髪の毛

体の部分を表現するときは、各部位に触れて示す

指で自分の髪をつまむ。

- ●**茶色**+髪の毛=**茶髪**　●髪の毛+**切る**=**散髪**

※髪型を表すときは、それぞれの形を表現する。例えば、「パーマ」は両手を頭の横で波立たせるようにしながら上げる。

かゆい

患部をかく様子

左手の手首を右手でかく。

- ●かゆい+**中止**+**薬**=**かゆみ止め薬**
- ●かゆい+**ある(疑問の表情で)？**=**かゆいところある？**

特にかゆい部分を表したいときは、その部分の近くで表現する。

通う

人が行ったり来たりする様子

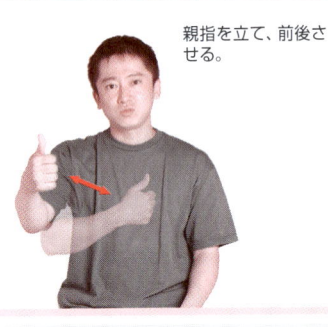

親指を立て、前後させる。

- ●**仕事**+通う=**通勤**　　●**学校**+通う=**通学**
- ●通う+**居酒屋**=**行きつけの居酒屋**

行きつけ(「いつも+行く」でも表現できる)

～から

一定の位置からという表現。時間や距離の起点を表す

右手の指先を前に向け、手首をひねって左にはらう。

- ●**今日**+～から=**今日から** ●**何**+～から(疑問の表情で)？=**どこから？**

反 「～まで」は、指先を前に向けて横に立てた左手のひらに向かって、自分のほうに手のひらを向けた右手の指先を動かして付ける。

辛い

苦々しい表情を付けて表現する

軽く曲げた手を口元に置き、回す。

- ●**辛い**+**口**=**辛口** ●**中**+**辛い**=**中辛**

同 カレー、渋い
反 「甘い」は、すべての指を伸ばして口元で回す。

軽い

手に持った物が軽いことを表す

両手のひらを上向きにする。

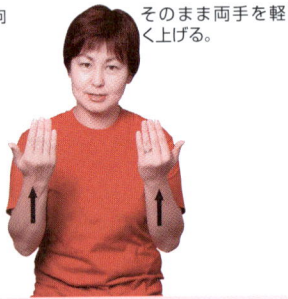

そのまま両手を軽く上げる。

- ●軽い+**自動車**=**軽自動車**　●軽い+**食事**=**軽食**
- ●**口**(体の一部)+軽い=**口が軽い**

反 「重い」は、両手のひらを上に向け、指先を付けて並べ、そのまま下げる。

彼氏

恋人という意味の「彼氏」

両手の人差し指の先を下に向け、胸の前で交差させる。

親指を胸の前に立てる。

- ●彼氏+**かっこいい**=**彼氏はかっこいい**　●彼氏+**ない①**=**彼氏がいない**

参 3人称の「彼」は、親指を胸の前に立て、横に少し動かす。
参 1つ目の動作だけだと「恋愛」、2つ目の動作だけだと「男」という意味になる。

河

水が流れる様子

人差し指と中指、薬指を伸ばし、横へ波状に動かす。

- ●河+**釣り**=**川釣り**　●河+**会う**=**河合**　●河+**遊ぶ**=**川遊び**

参「川」は、人差し指と中指、薬指を立てて、手首を軸に前に倒す。
参すべての指を伸ばして波状に動かすと「水」の意味になる。

かわいい

人の頭をなでる様子

下に向けた手のひらを、水平に小さく回す。

- ●**子ども**+かわいい=**かわいい子ども**　●**服**+かわいい=**かわいい服**

同 かわいがる
参 右手のひらを下に向けてわん曲させ、親指を立てた左手の上で回す表現もある。

87

考える

難しいことを考える場合は、深刻な表情をしながら表す

人差し指をこめかみにあて、指をねじる。

- ●考える+甘い=甘い考え　●深い+考える=よく考える
- ●考える+作る+お願い=考えて作ってください

😊 指をねじらないで、こめかみあたりに指を置くだけだと「思う」の意味になる。

感激

表情と口型によって、感激したのか、興奮したのか表現する

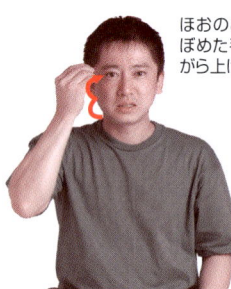

ほおのあたりからすぼめた手をねじりながら上げる。

- ●本+感激=本に感動する　●感激+終わる=感激した

🔄 感動、感じ入る、感心、感情、興奮
😊 両手で同じ動作をすることもある。

看護師

「脈＋世話＋指文字し」で表す

右手の指先を左手の手首にあてる(🈲脈)。両手を向かい合わせ、交互に上下に動かす(🈲世話)。

指文字「し」の形を作る。

- ●わたし＋看護師＝**わたしは看護師です**
- 参 男性か女性か具体的に表したいときは、「脈＋世話」と表現した後、「男」もしくは「女」という表現を続ける。

乾杯

グラスを持って乾杯する様子

両手を軽くにぎり、左右からぶつけ合わせて、軽く上げる。

- ●ワイン＋乾杯＝**ワインで乾杯する**　●乾杯＋あいさつ＝**乾杯の音頭**
- 参 「パーティー」は、両手の親指と人差し指を開いて向かい合わせ、円を作り(残りの指はにぎる)、上下に置き、交互に水平に回す。

木

木の形を表す

両手の親指と人差し指を開いて向かい合わせ、円を作る。

手首を返しながら上げる。

- ●木+作る=**木製** ●オレンジ+木=**オレンジの木**
- ●木+テーブル=**木のテーブル** ●木+村=**木村**

同 木曜日

黄色

ヒヨコの額が黄色いことを表す

親指を額にあて、立てた人差し指を左右に動かす。

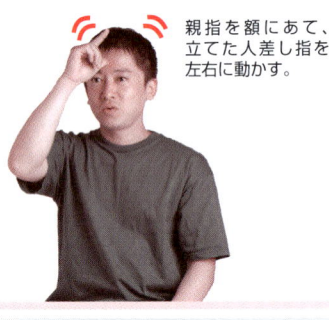

- ●黄色+緑=**黄緑** ●卵+黄色=**黄身** ●黄色+花=**タンポポ**
- ●黄色+赤+好き+どちら=**黄色と赤どちらが好きですか？**

親指をあごにあて、立てた人差し指を左右に動かすと「なるほど」の意味になる。

気が小さい

心が小さくしぼむ様子

手のひらを上に向け、軽く曲げる。

手を上に向けたまま、親指と人差し指で輪を作る。

- ●**あなた**＋気が小さい＝**君は気が小さいな**
- ●気が小さい＋**悪い**＝**気が小さくてはダメだ**

反 「気が大きい」はコの字型にした両手を向かい合わせ、おなかの前で左右に引く。

聞く

耳をすまして聞いている様子

手のひらを前に向け、耳にあてる。

- ●**言われる**＋聞く＝**話を聞く**   ●聞く＋**できる**＝**聞こえる**
- ●聞く＋**気分**＋**ない**①＝**聞く耳を持たない**

参 軽く曲げた人差し指を、耳に2回近付ける表現もある。

傷

手についた傷を表す

右手の人差し指で左手の甲に線を引くように動かす。

●傷＋痛い＝**傷が痛む**　●傷＋深い＝**深い傷**

同 けが
参 顔の傷は顔の上で、足の傷は足の上でなど、傷の部位に人差し指をあてて動かす。

北

漢字の「北」の形を表す

親指、人差し指、中指を伸ばした両手を交差させる。

●北＋口（建物の出入り口）＝**北口**　●東＋北＝**東北**　●北＋区＝**北区**

反「南」は、手でうちわや扇子を持って、あおぐ動作をする。この表現は「暑い」「夏」「あおぐ」「うちわ」という意味もある。

期待

「楽しい＋待つ」で表す

両手の指先を自分に向け、胸の位置で交互に上下させる。

親指以外の4本の指を曲げ、あごの下に置く。

- ●期待＋**お願い**＝**お楽しみに**

※ 1つ目の動作だけだと「楽しい」「うれしい」「喜び」「喜ぶ」、2つ目の動作だけだと「待つ」という意味になる。

気にかかる

頭にひっかかるイメージ

指先を曲げた人差し指をこめかみにあてて、ななめ上に動かす。

- ●**昨日**＋**男**＋**言う**＋気にかかる＝**昨日彼が言ったことが気にかかる**

同 引っ張られる、誘惑に負ける
参 「心配」という表現方法でも表せる。

気分

気分は胸にあることから

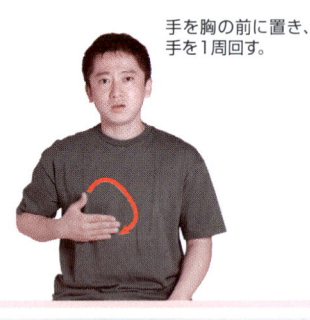

手を胸の前に置き、手を1周回す。

●気分+よい=**いい気分**　　●気分+嫌い=**嫌な気持ち**

同 気持ち、心
参 顔の前で円を描くと「顔」の意味になる。

客

人がやってくる様子

親指を立てた右手を、左手のひらに乗せる。

そのまま手前に引き寄せる。

●いつも+客(何回か表現)=**常連**　　●客+来る=**お客さんが来る**

同 迎える
参 状況によって、親指を立てた右手を左手のひらに乗せ、左に動かす表現もある。

救急車

赤いランプを点灯させながら救急車が走る様子

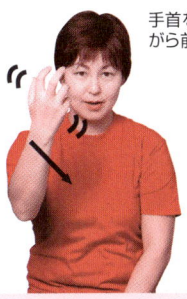

手首を軸にひねりながら前に出す。

- ●救急車+**誘う**=**救急車を呼ぶ**
- ●**子ども**+**男**+救急車+**見る**=**男の子がじっと救急車を見ている**

💬 消防車やパトカーなどの緊急自動車一般はこの表現を使う。

給料日

「給料+日」で表す

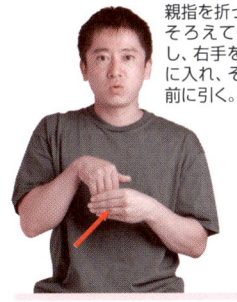

親指を折った左手をそろえて横に伸ばし、右手を左手の中に入れ、そのまま手前に引く。

左手の人差し指に右手の人差し指、中指、薬指を付ける。

- ●**今日**+給料日+**楽しい**=**今日は給料日でうれしい**

💬 1つ目の動作だけだと「給料」、2つ目の動作だけだと「日」という意味になる。
💬 右手の親指と人差し指で輪を作り、左手を添えて同時に引き寄せて表すこともある。

切る

はさみで切る様子。ここで紹介するのは「髪の毛を切る」という表現

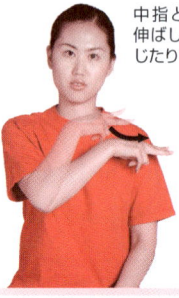

中指と人差し指を伸ばし、開いたり閉じたりする。

●髪の毛＋切る＝散髪　●紙＋切る＝紙を切る

参 どんな道具を使って切るかによって、それぞれの道具で切る動作をする。また、「話を打ち切る」という場合にも使う。

きれい

汚れがなく、なめらかな様子

左手のひらの上に右手のひらを乗せ、右にすべらせる。

●顔＋きれい＝美人　●きれい＋男性＝美男子　●きれい＋花＝きれいな花

同 美しい、すてき、美人、さっぱり
参 2回すべらせると「衛生」「清潔」の意味になる。

キロ

アルファベットの「K」の形で表す

左手の人差し指を立て、右手の人差し指で「K」の右部分を空書する。

●5+キロ+痩せる+欲しい=**5キロ痩せたい**

参 この表現は、重さと距離どちらでも使える。
参 「センチメートル」は人差し指で「cm」と空書する。

気をつける

「気をつけて」とあいさつするときにも使う

上下に構えた両手を胸に引きながらにぎりしめる。

●行く+気をつける=**気をつけて行ってね**

同 注意、注意する、警戒する
参 両手の指を軽く曲げて上下に構え、胸に2回あてると「危険」の意味になる。

銀行

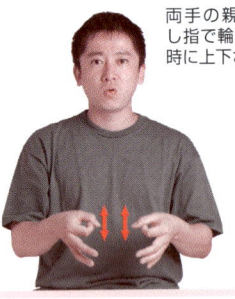

指で作った輪は「お金」を表す

両手の親指と人差し指で輪を作り、同時に上下させる。

- ●**信じる**＋銀行＝**信用金庫**　　●銀行＋**委員**＝**銀行員**
- ●銀行＋**カード**＝**キャッシュカード**

参 交互に上下に動かすと「価値」「評価」の意味になる。

区

指文字の「く」で表す

親指以外の4本の指を、横に伸ばす。

- ●**北**＋区＝**北区**　　●区＋**社会**＝**区民**　　●区＋**役所**＝**区役所**

関 9(数字)
参 「市」は、指文字の「し」で表現する。

空港

「飛行機＋場所」で表す

親指と小指を立て、ななめ上に持ち上げる。

すべての指を軽く曲げて下に向け、少し下げる。

- 空港＋行く＝**空港に行く**
- 空港＋レストラン＝**空港内レストラン**

💡 1つ目の動作だけだと「飛行機」、2つ目の動きだけだと「場所」の意味になる。

薬

薬を調合する様子

左手のひらの上に右手の薬指で円を描く。

- 風邪＋薬＝**風邪薬**
- 胃＋薬＝**胃薬**

💡 錠剤やカプセルは、「薬」のあと、左手を口に持っていき、飲む動作をする。粉薬は、「薬」のあと、薬の包み紙から飲む動作をする。

果物

果実がたわわに実っている様子

軽く曲げた両手のひらを上に向け、交互に上下させながら左右に離す。

- ●甘い＋果物＝**甘い果物**
- ●果物＋好き＋何(疑問の表情で)？＝**好きな果物は何ですか？**

❸ 具体的なものがある場合は、その果物の表現方法や指文字で表す。

口

「口」は、「体の一部」と「建物の出入り口」で、表現方法が異なる

体の一部
人差し指を伸ばし、口の周りをぐるりと回す。

- ●口＋切る＝**口を切る**

❸ 胸の前あたりで、手を大きく回すと「体」の意味。

建物の出入り口
親指と人差し指で輪を作って、口の前に置く。

- ●山＋口＝**山口**
- ●入る＋口＝**入り口**

❸ 目の前で表すと「見る」の意味。

靴

靴べらを使って靴をはく様子

下に向けた左手のひらに軽くにぎった右手をあて、手前に引きながらひねる。

- ●**スポーツ**＋靴＝**運動靴**　●**黒**＋靴＝**黒い靴**
- ●**イタリア**＋**作る**＋靴＝**イタリア製の靴**

参 左手の甲に軽くあてた右手をひねると「肉」の意味になる。

悔しい

こぶしを打ち付けることで悔しさを表現する

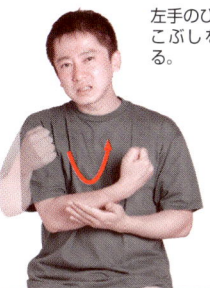

左手のひらに右手のこぶしを打ち付ける。

- ●悔しい＋**眠い**＋**無理**＝**悔しくて眠れない**
- ●**失敗**＋悔しい＝**失敗して悔しい**

参 両手の指を軽く曲げて胸にあて、交互に上下に動かす表現もある。

くらい

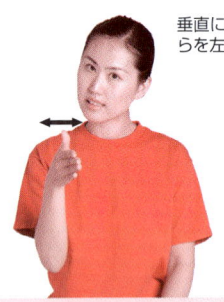

照準を合わせるようなイメージ

垂直に出した手のひらを左右に振る。

- 今日+くらい=最近
- 年+くらい=年頃
- 5000+円+くらい=5000円くらい
- 何+くらい=どれくらい？

同 だいたい、〜ころ

暗い

視界が閉ざされるイメージ

両手を左右に広げておき、交差させる。

- 空+暗い=空が暗い
- 場所+暗い=薄暗い場所

同 こんばんは、地味、闇、夜
反 「明るい」は、交差させた両手を左右に開く。

グラム

アルファベットの「g」で表す

人差し指で「g」を空書する。

- **100**+グラム=**100グラム**
- **キロ**+グラム=**キログラム**

㊟ 両手のひらを上に向けて並べ、交互に上下に動かす表現もある。この表現は、「比べる」「天秤」「比較」という意味もある。

来る

人が向こうからやってくる様子（丁寧な表現）

立てた人差し指を手前に引き寄せる。

- **今日**+**父**+**来る**=**今日、父が来る**
- **客**+**来る**=**来客**

㊟ 人差し指を下向きにする表現もある（軽い表現）。
㋐ 「行く」は人差し指を前に動かす。

グループ

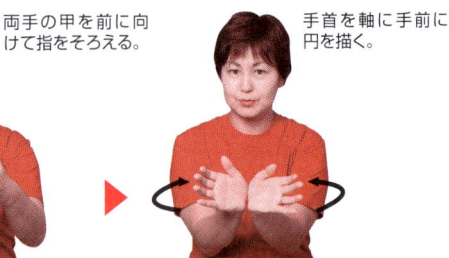

大勢の人が輪になって集まっている様子

両手の甲を前に向けて指をそろえる。

手首を軸に手前に円を描く。

- グループ＋動く＝**クラブ活動**
- 赤＋グループ＝**赤組**
- グループ＋スポーツ＝**団体競技**

同 クラス、クラブ、団体、チーム

苦しい

苦しくて胸をかきむしる様子

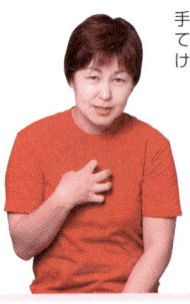

手を軽くわん曲させて胸のあたりに付け、回す。

- 見る＋苦しい＝**見苦しい**
- 気分＋苦しい＝**心苦しい**

表 苦しそうな表情をする。
参 片手のこぶしで胸を叩くと「息苦しい」の意味になる。

車で日帰り

車に乗って行って、すぐ帰ってくる様子

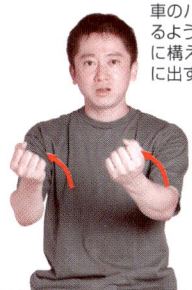

車のハンドルをにぎるように両手を左右に構え、そのまま前に出す。

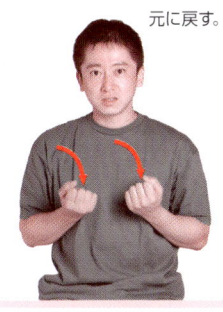

元に戻す。

- ●**今日**+車で日帰り=**今日は車で日帰りだ**
- ●車で日帰り+**忙しい**=**車で日帰りするのは忙しい**

💬 両手を左右に構えるだけだと「自動車」という意味になる。

黒

髪の毛が黒いことから

手で頭をなでながら下げる。

- ●黒+**書く**=**黒板**
- ●黒+**服**=**喪服**
- ●黒+**靴**=**黒い靴**
- ●**白**+黒=**白黒**

💬 手を頭の上にポンと乗せて、表情をつけると「しまった!」の意味になる。
🔄 「白」は、人差し指で歯を指して横に引く。

加える

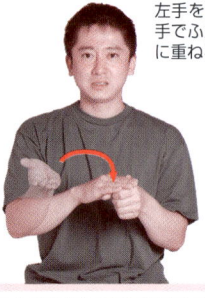

左手はすでにある物を表し、それに右手をかぶせることで表す

左手を筒型にし、右手でふたをするように重ねる。

- **消費税**+加える+**1000**=税込みで1000円です
- **みそ**+加える=みそを加える

類 付け足す、含む、含める

経験

多くのことにぶつかる様子

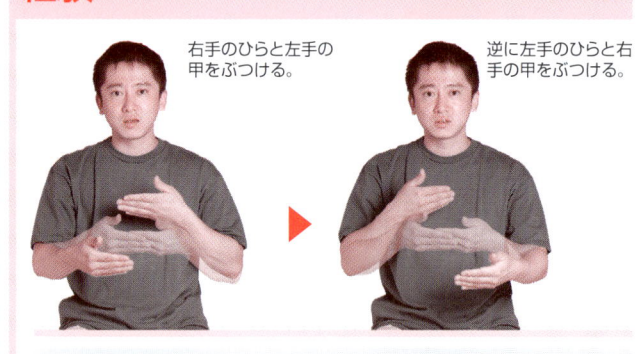

右手のひらと左手の甲をぶつける。

逆に左手のひらと右手の甲をぶつける。

- **初めて**+経験=初体験
- 経験+**まだ**=未経験

類 体験、慣れる、ベテラン
参 何度も繰り返すと、「経験を積む」の意味になる。

経済

お金が回っているイメージ

親指と人差し指で輪を作った両手を上下に置き、交互に水平に回す。

- ●わたし＋経済＝**自営** ●経済＋よい＝**好景気** ●お金＋経済＝**金融**

🔵 営業、経営、景気
🔶 両手のひらを上向きにして同様に回すと「付き合い」の意味になる。

警察

警官の帽子に付いている記章を表す

額の前で親指と人差し指でコの字型を作る。

- ●警察＋場所＝**警察署** ●警察＋救急車＝**パトカー**
- ●警察＋女性＝**婦人警官** ●警察＋男性＝**警察官**

🔶 「消防署」は、ホースを持つような動作と「場所」という表現で表す。

ケーキ

ケーキを切る様子

左手のひらを上に向け、右手を体と平行に置く。

同様に体と垂直に置く。

- 誕生＋ケーキ＝**バースデーケーキ**
- 甘い＋ケーキ＝**甘いケーキ**
- ケーキ＋好き(疑問の表情で)？＝**ケーキ好き？**

片手を垂直に置いて、指先に向かってすべらせると「まっすぐ」の意味になる。

ゲーム

ゲームのコントローラーを操作している様子

親指の先を前に向け、他の4本の指はにぎり、親指を上下させる。

- ゲーム＋遊ぶ＝**ゲームで遊ぶ**
- 長い＋時間＋ゲーム＋悪い＝**長時間ゲームをしてはいけない**

「遊ぶ」という表現でも、「ゲーム」の意味になる。

けが

顔についた傷を表す

両手の人差し指をほおの横で交互に上下させる。

- ●けが＋気をつける＝**けがに注意**   ●顔＋けが＝**顔にけがをする**

同 傷
参 片手だけで表現することもある。けがをした部位を人差し指で指し、指を動かす。

化粧

ファンデーションを顔に付ける様子

両手をほおにあて、交互に上下に動かす。

- ●化粧＋水＝**化粧水**   ●化粧＋部屋＝**化粧室**
- ●化粧＋ない①＝**化粧っ気がない**

参 左手のひらに右手の指を付け、右手の指をほおにあてる表現もある。

結婚／離婚

立てた親指と小指を付けるか、離すかで「結婚」「離婚」の意味になる

結婚
左手の親指と右手の小指を立てて、胸の前で左右から付ける。

- ●結婚＋**終わる**＝**既婚**
- ●結婚＋**式**＝**結婚式**

🔍 男（親指）と女（小指）が付く様子。

離婚
左手の親指と右手の小指を立てて、右手と左手を左右に離す。

- ●離婚＋**男性**＝**別れた夫**
- ●離婚＋**女性**＝**別れた妻**

🔍 男（親指）と女（小指）が別れる様子。

けど

状況が反転するイメージ

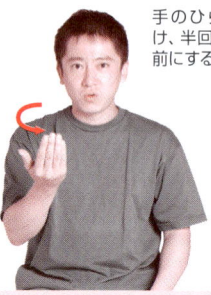

手のひらを前に向け、半回転させ甲を前にする。

- ●今日＋悪い＋けど＋明日＋構わない＝**今日はダメだけど、明日はいい**

📖 しかし、だが、でも
🔍 顔の横で手を上げながらねじるように返すと「なかなか」の意味になる。

蹴る

人差し指を足に見立て、表す

両手の人差し指を前に向ける。

右手のひじを上げながら右手の指先は左上に弧を描き、左手の指先は右下に振る。

- 蹴る＋悪い＝**蹴ってはいけない**
- 男性＋わたし＋蹴る＝**彼がわたしを蹴った**

片手の人差し指と中指を伸ばして下に向け、中指をはね上げる表現もある。

検査

目をこらして見定めるイメージ

人差し指と中指を曲げ、目を指して、左右に2回動かす。

- 血＋検査＝**血液検査**
- 目＋検査＝**眼科検査**

調べる、確認する、確かめる、調査、はかる

親指と人差し指で輪を作り、回しながら横に動かすと「探す」の意味。

高校

1つ目の動作だけでも表せる

人差し指と中指を額に付け、横に引く。

軽く曲げた両手のひらを上に向けて並べ、同時に上下させる。

- ●高校+**学生**=**高校生**　●高校+**先生**=**高校教師**

💡 1つ目の動作は、学生帽のラインを表している。片手の指を軽く曲げて額に置き、円を2回描く表現もある。

紅茶

ティーバッグを上下させる様子

左手を添え、右手の親指と人差し指を合わせ、ティーバッグを上下させるしぐさをする。

- ●**寒い**+紅茶=**アイスティー**　●**温かい**+紅茶=**ホットティー**
- ●**ミルク**+紅茶=**ミルクティー**

💡「コーヒー」は、カップを持って、右手でスプーンを持ってかき混ぜるしぐさで表す。

好調

「体の調子がよい」という意味。「体+OK」で表す

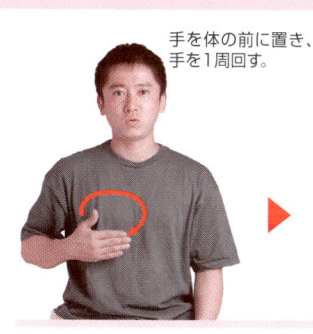

手を体の前に置き、手を1周回す。

両手の親指と人差し指で輪を作る。

- ●忙しい+でも+好調=**忙しいけど体は問題ないよ**
- ●あなた+好調=**あなた、元気そうですね**

🔸 1つ目の動作だけだと「体」の意味になる。

後輩

手を下げることで、年齢や地位が下であることを表す

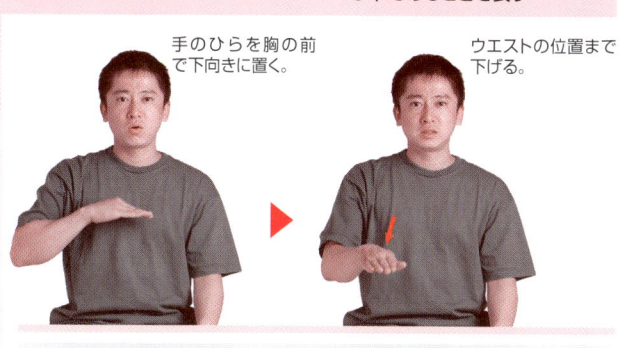

手のひらを胸の前で下向きに置く。

ウエストの位置まで下げる。

- ●かわいい+後輩=**かわいい後輩**
- ●わたし+後輩=**わたしの後輩**

🔸 下級生、年下
🔸 「先輩」は、手のひらを下向きにして、そのまま上げる。

興奮

表情と口型によって、興奮したのか、感動したのか表現する

両手の指先を軽く曲げ、向かい合わせてゆっくりひねりながら上げる。

●**サッカー**＋**試合**＋**見る**＋**興奮**＝**サッカーの試合を見て興奮する**

同 感激、感じ入る、感情、感心、感動
参 右手だけで表現してもよい。

公務員

「公＋委員」で表す

両手の人差し指をななめに構えたあと、右手で「ム」と空書する。

親指と人差し指で輪を作り、左胸に置く。

●**日本**＋**公務員**＝**国家公務員**　●**公**＋**場所**＝**公園**

参 1つ目の動作だけだと「公」「公務」、2つ目の動作だけだと「委員」「バッジ」という意味になる。

高齢者

手を上げることで、年齢が高いことを表す

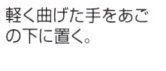

軽く曲げた手をあごの下に置く。

そのまま持ち上げながら手を開き、あごに付ける。

- ●高齢者+**世話**=**高齢者介護**
- ●高齢者+**言われる**+**聞く**=**高齢者の話を聞く**

「老人」という手話は親指(もしくは小指)を立てて、手を下げながら立てた指を曲げる動きを2回繰り返す。

コート

コートの形を表す

両手の指先を向かい合わせ、胸の前で構える。

そのまま下げる。

- ●春+コート=**スプリングコート**
- ●赤+コート=**赤いコート**
- ●雨+コート=**レインコート**

関 ワンピース

コーヒー

カップを持って、スプーンでかき混ぜている様子

左手を添え、右手でスプーンを持ってかき混ぜるしぐさをする。

- ●寒い+コーヒー=**アイスコーヒー** ●コーヒー+場所=**喫茶店**
- ●温かい+コーヒー=**ホットコーヒー**

参 「紅茶」は、カップを持って、右手でティーバッグを上下させるしぐさで表す。

コーラ

炭酸飲料がのどを刺激しているイメージ

手を軽くにぎり、のどの前に置く。

勢いよく指を開く。

- ●**子ども**+コーラ+**好き**=**子どもはコーラが好き**

参 小指を立てて、手首をひねりながら、指文字の「J」を表すと「ジュース」の意味になる。

氷

「氷」は、「(一般的な)氷」と「かき氷」で、表現方法が異なる

一般的な氷

手をわん曲させて下向きにし、2回前後に動かす。

- 氷+**水**=**氷水**
- 氷+**山**=**氷山**

🌀 氷を削る様子。

かき氷

片手でこぶしを作って回し、かき氷を作るしぐさをする。

- 氷+**食べる**=**かき氷を食べる**
- 氷+**好き**=**かき氷が好き**

🌀 かき氷機を使って、削る様子。

ゴールデンウィーク

指文字の「G」と「W」で表す

左手の親指と人差し指を軽く曲げ、親指に右手の人差し指をかけて「G」を作る。

左手はそのままで、右手は人差し指、中指、薬指を立て、「W」を作る。

▶

- ゴールデンウィーク+**温泉**+**行く**=**ゴールデンウィークに温泉に行く**
- ゴールデンウィーク+**待つ**=**ゴールデンウィークが待ち遠しい**

🌀 指文字の「W」+指文字の「C」で、「トイレ」の意味になる。

誤解

意見がすれ違っているイメージ

両手の指先をすぼめ、左右に構えて交差させる。

- ●誤解＋易しい＝**誤解しやすい**　●誤解＋とても＝**大きな誤解**
- ●あなた＋誤解＝**君は誤解している**

同 錯覚、誤り

国語

画びょうでポスターを貼る様子

両手の親指を立てて、顔の横あたりで構える。

両手を同時に前に出し、下の位置で同時に前に出す。

- ●国語＋学校＝**国語の授業**　●国語＋本＝**国語の教科書**

同 ポスター、ホームページ
参 「国（日本）＋言葉」でも表現できる。

故障

棒を折る様子

両手のこぶしを横につなげ、手首を回しながら左右に開く。

- ●**骨**+故障=**骨折**　●**自動車**+故障=**車の故障**

🔄 折る、壊れる、障害
💡 こぶしを上下に置き、2回ぶつけると「作る」の意味になる。

答える

意見を発言する様子

両手の親指を伸ばし、人差し指を立て向かい合わせて同時に前に出す。

- ●**試験**+答える=**解答**　●答える+**四角**=**報告書**

🔄 告知、告白、宣伝、伝える、伝言、発表、返事、報告
⚡ 「答えがくる」は、両手の親指と人差し指を伸ばし、手前に引き寄せる。

言葉

「言葉」は、「(書き)言葉」と「(話し)言葉」で、表現方法が異なる

書き言葉

両手の人差し指を曲げ、右手を上に左手を下にしてカギカッコを作る。

- 花+言葉＝**花言葉**
- あいさつ+言葉＝**あいさつの言葉**

同 テーマ

話し言葉

両手の人差し指を立て、交互に前後に動かす。

- 英語+言葉＝**英語のスピーチ**
- 結婚+言葉＝**結婚のスピーチ**

同 スピーチ

子ども

子どもの頭をなでる様子

手のひらを下に向けて、そのまま下げる。

- 子ども+**お金**＝**子ども料金**
- 子ども+**歌う**＝**童謡**

同 幼児
参 下に向けた手のひらを水平に回すと「かわいい」の意味になる。

断る

意見を突き放すイメージ

前に向けた左手のひらに右手の親指以外の4本の指の先をあてて、左手で押し出す。

●答える+**不可能**+断る=**答えられません、お断りします**　　●火事+断る=**防火**

🔵 拒絶、拒否、防ぐ、防止、予防
🔴「断られる」は左手の甲を前に向け、左手のひらに右手の指先を付け、自分のほうに引き寄せる。

コピーする

コピーをとる様子

下に向けた左手のひらに右手を付け、離しながら指先を合わせる。

●コピーする+**お願い**=**コピーをとってください**

💡 胸の前に手のひらをあてて、前に出しながらグッとにぎると「レントゲン」の意味になる。

困る

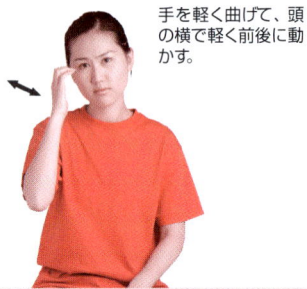

困ってしまい、頭をかく様子

手を軽く曲げて、頭の横で軽く前後に動かす。

●**仕事**+困る=**仕事で困る**　●**あなた**+困る+**人（空書）**=**あなたは困った人だ**

参 力強く表現すると「とても困る」の意味になる、また、指を伸ばして頭の横にポンとあてると「しまった!」の意味になる。

米

米が口についている様子

親指と人差し指を合わせ口の端に置く。

●米+**おいしい**=**おいしい米**　●**新しい**+米=**新米**
●**赤**+米=**赤飯**

同 ご飯、ライス

ゴルフ

ゴルフクラブを持って、スイングする様子

上下につないだ両手のこぶしを、右から左に振る。

● ゴルフ+**場所**=**ゴルフ場** ● ゴルフ+**教わる**=**ゴルフを習う**

参 両手のこぶしをつなげ、左下に振ると「野球」の意味になる。また、「野球」には、右手の人差し指で左手の輪を打つ表現もある。

これ

対象物がある位置を指すようにする

人差し指で、対象物を指す。

● これ+**欲しい**=**これをください** ● これ+**よい**+**OK**=**これが気に入った**

同 こちら、この
反 「あれ」は、遠くにある対象物を指す。

コンビニ

24時間営業であることを表す

左手で数字の「2」、右手で数字の「4」を作り、同時に回す。

● コンビニ+アルバイト=コンビニのアルバイト

🔴 24時間営業
🔴 指文字の「こ」を横に振る表現もある。

サークル

右手のこぶしは、指文字の「さ」

垂直に出した左手のひらに右手のこぶしを付け、そのまま右手だけ水平に回す。

● 手話+サークル=手話サークル　● ゴルフ+サークル=ゴルフサークル

🔴 協会
🔴 左手をつけず、右手のこぶしを回すだけでもよい。

最高

一番上であることを表す

左手のひらに向けて右手を持ち上げる。

●最高+**イス**=**ファーストクラス**　●**気分**+最高=**最高の気分**

同 最上
反 「最低」は、上向きにした左手のひらに、右手の指先を上からあてる。

サイズ

メジャーで測る様子

両手の親指と人差し指を中央に向けて伸ばし、左右に寄せたり離したりする。

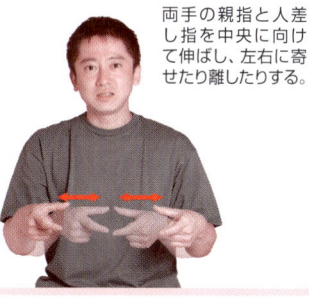

●サイズ+**大丈夫**+**ですか？**=**サイズはいかがですか？**
●サイズ+**指文字「M」**=**Mサイズ**

参 左右ではなく、上下に寄せたり離したりする表現もある。

最低

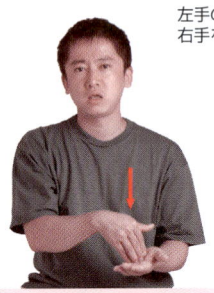

一番下であることを表す

左手のひらに向けて右手を下げる。

●**彼**+最低=**彼は最低だ**　●**今日**+**1日**+最低=**今日は最低な1日**

(同)最後
(反)「最高」は、左手のひらを下向きにし、右手を下からあてる。

探す

いろいろな物を見て、目が動く様子

親指と人差し指で作った輪を目の前に置き、回しながら横へ動かす。

●**友達**+探す=**友達を探す**　●**本**+探す=**本を探す**

(同)観光、見学
(参)人差し指と中指を曲げて指先を目に向け、左右に動かすと「調べる」の意味。

魚

魚が泳ぐ様子

手の甲を前に向け、横に揺らしながら移動させる。

- ●川+魚=川魚
- ●魚+**指文字の「ま」「ぐ」「ろ」**=まぐろ

🔖 魚の名前を表すときは、「魚」+魚の名前を指文字で表す。

酒

アルコール一般を表す

親指以外の指先をあごに付ける。

そのままの形で手を額まで持ち上げる。

- ●**甘い**+酒=甘酒 ●酒+**飲む**+**酔う**=酒に酔う

🔖 「日本酒」は、「日本+酒」となる。左手のこぶしに右手の人差し指と中指をそろえてあて、瓶の栓を抜くようにそのまま右手を上げると「ビール」の意味になる。

誘う

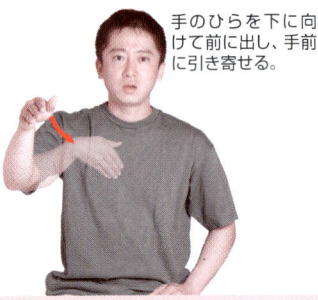

両手で表現することもある

手のひらを下に向けて前に出し、手前に引き寄せる。

- ●他＋友達＋誘う＋構わない＝他に友達を誘ってもいい

- 同 呼ぶ、招く、招待
- 反 「誘われる」は、頭のあたりに手を置いて、自分に向かって手招きをする。

サッカー

右手を足、左手をボールに見立て、ボールを蹴る様子

左手は指先を付けて丸め、右手は人差し指と中指を伸ばす。

左手に右手の中指をぶつける。

- ●サッカー＋指文字「J」＝Jリーグ
- ●サッカー＋試合＝サッカーの試合
- 注 左手の親指と人差し指で作った輪を右手の人差し指で打つようにすると「野球」の意味になる。

砂糖

すべての指を曲げて口元で左右に振ると「塩」の意味になる

親指以外の指をそろえて口元に置き、回す。

- ●**黒**+砂糖=**黒砂糖**　●**砂**+砂糖=**粉砂糖**
- ●砂糖+**加える**+**コーヒー**=**砂糖入りのコーヒー**

同 甘い、佐藤（姓）、デザート

さびしい

さびしくて気持ちがしぼむ様子

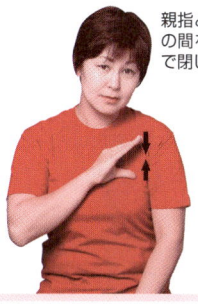

親指と他の4本の指の間をあけ、胸の前で閉じる。

- ●**彼**+**会う**+**無理**+さびしい=**彼に会えなくてさびしい**
- ●**気分**+さびしい=**さびしい心**

参 胸の前で両手をすぼめながら下げる「がっかり」でも表現できる。

皿　　　　　　　　　　　皿の形を表す

親指と人差し指を曲げた両手を、向かい合わせる。

- ●皿(の形を表して水平に回す)＋**寿司**＝**回転寿司**　　●**紙**＋**皿**＝**紙の皿**
- 参 大きな皿なら大きく、小さな皿なら小さく、皿の形態によって表現を変える。
- 参 「皿」を手前へ動かすと、「料理が来る」の意味になる。

残念　　　　　　　　　「悔しい」も同様の表現で表せる

左手のひらに右手のこぶしを打ち付ける。

- ●**会う**＋**無理**＋**残念**＝**会えなくて残念**
- ●**彼女**＋**残念**＋**さびしい**＝**彼女は残念がっていた**
- 参 にぎった右手を開きながら左手に打ち付けると「失敗」の意味になる。

散歩

指を足に見立てて、歩いている様子

人差し指と中指を下に向け、交互に動かしながら前に出す。

- ●**森**＋散歩＝**森を散歩する**　　●**町**＋散歩＝**散策**

🔄 歩く、徒歩
💡 2本の指を動かさずに止めたままだと「立つ」の意味になる。

市

指文字の「し」で表す

親指を立てて、人差し指、中指を横に伸ばす。

- ●**市**＋**役所**＝**市役所**　　●**市**＋**社会**＝**市民**　　●**市**＋**バス**＝**市営バス**

🔄 詩
💡 「区」は、指文字の「く」で表現する。

試合

人と人がぶつかり合う様子

親指を立てた両手を左右で構え、ぶつける。

- ●**サッカー**＋試合＝**サッカーの試合**　●試合＋**延期**＝**延長戦**
- ●**サッカー**＋試合＋**見る**＋**興奮**＝**サッカーの試合を見て興奮する**

参 両手を2回ぶつけると「打ち合わせ」「会議」「相談」の意味になる。

幸せ

親指と人差し指を伸ばし、同様の動きをすると「〜したい」の意味になる

あごをつまむように手をあてる。

あごをなでるように手を2回閉じる。

- ●幸せ＋**太る**＝**幸せ太り**　●幸せ＋**指文字「し」**＝**福祉**

同 幸福、福　反 手のひらを開き、親指以外の指の腹をあごの横にあてて、下ろすと「不幸」の意味になる。

ジーパン

指文字の「G」で表す

左手の親指と人差し指を軽く曲げ、親指に右手の人差し指をかける。

●わたし+ジーパン+買う+欲しい=ジーパンを買いたい

参 「ジーパンをはく」など動作を表したいときは、実際の動作と同じ動きをする。
参 「Tシャツ」は、指文字の「T」を表したあと、人差し指で首下あたりに弧を描く。

塩

瓶を持って、ふりかけるような表現方法でもよい

すべての指を軽く曲げ、口元に持っていき、左右に振る。

●甘い+塩=甘塩　●塩+ラーメン=塩ラーメン

同 苦い
反 すべての指を伸ばして口元で回すと「砂糖」「甘い」「デザート」「佐藤」の意味になる。

仕方ない　　　　　　　　　　肉を切って骨を断つイメージ

右手の小指の側面を左肩にあて、軽く叩く。

- ●離婚＋仕方ない＝離婚もやむを得ない

同 義務
参 手をななめ下に下げる表現もある。

試験　　　　　　　　　　　　人と人が競う様子

両手の親指を立て、交互に上下させる。

- ●最後＋試験＝期末テスト　　●英語＋試験＝英語の試験
- ●わたし＋昨日＋試験＋終わる＝わたしは昨日試験が終わった

同 競争、テスト

事故

乗り物が正面衝突する様子

両手を指先を下に向け、左右に構える。

両手を近付けて、指先同士をぶつけたあと、はね上げる。

- ●**自動車**+**事故**=**自動車の事故**   ●**事故**+**場所**=**事故現場**

同 交通事故、(電車やバスの)正面衝突
参 交通事故以外の事故には使わない。

仕事

働く様子

両手のひらを上に向けて、左右から中央に2回近付けては離す。

- ●**仕事**+**休み**=**欠勤**   ●**仮**+**仕事**=**アルバイト**

同 働く、職業
参 両手でこぶしを作って左手に右手を付ける「作る」でも表現できる。

下

漢字の「下」の形を表す

親指と人差し指を伸ばして下に向け、下げる。

●下+田=**下田** ●下+見る=**下見**

🈞「位置が下」は人差し指で下を指す。「年齢が下」は「後輩」の表現を使う。
🈯「上」は、親指と人差し指を伸ばして上げる。

～したい

すべての指を開いて手をあごにあて、同様の動きをすると「幸せ」の意味になる

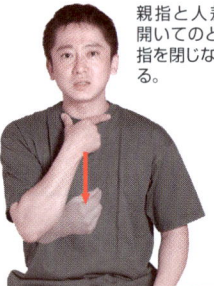

親指と人差し指を開いてのどにあて、指を閉じながら下げる。

●ケーキ+食べる+～したい=**ケーキを食べたい**

🈞欲しい、好き、希望
🈯同じ動作を2回繰り返すと「好み」の意味になる。

失敗

手のひらで頭をポンと叩く「しまった！」の表現も同様の意味になる

右手を軽くにぎり、胸の前あたりで構え、右手の下に開いた左手を添える。

右手を開きながら、左手に打ち付ける。

- ●あなた+言う+失敗=**あなたに言って失敗した**
- ●失敗+悔しい=**失敗して悔しい**

反 「成功」は、右手のこぶしを鼻の前に置き、弧を描いて下ろし、左手に打ち付ける。

自転車

ペダルをこぐ様子

両手のこぶしを交互に前に回転させる。

- ●自転車+通う=**自転車で通う**　●かっこいい+自転車=**かっこいい自転車**
- ●わたし+山+自転車+欲しい=**マウンテンバイクが欲しい**

参 「バイク」は、両手のこぶしを並べ、エンジンをふかすように片手だけねじる。

自動車

ハンドルを持って、車を運転する様子

両手を左右に構え、ハンドルを回すように動かす。

- **海外**+自動車=**外車**
- **軽い**+自動車=**軽自動車**
- **家族**+自動車+**行く**=**家族でドライブ**

同 運転、ドライブ

自慢する

いばっている様子

胸をはり、両手のひらを下に向けて胸の前で構え、親指を胸に付ける。

- 自慢+**言う**=**自慢話**
- 自慢+**持つ**=**誇りを持つ**

同 いばる、誇り
参 片手のすべての指を軽く曲げて鼻の前に置き、ななめ上に上げる表現もある。

地味

「暗い」と同じ表現で表す

両手を左右に広げて置き、交差させる。

● 地味+**服**=**地味な服**　● 地味+**靴**=**地味な靴**

🟥 こんばんは、夜、暗い
🟥 「派手」は、軽くにぎった両手を胸の前で構え、同時にパッと開く。

社会

男性と女性の集まりが社会を構成している様子

両手の親指と小指を立てて、小指を付ける。

両手を手前に円を描きながら回して、親指を付ける。

● **明るい**+社会=**明るい社会**　● 社会+**勉強**=**社会勉強**

🟠 片手の人差し指と中指をそろえて、アルファベットの「S」の形を下から上へ描く表現もある。

写真

カメラを持ち、シャッターボタンを押す様子

両手の人差し指の先を曲げて目の横に置き、片手の人差し指を曲げたり伸ばしたりする。

● 写真+**コピーする**=**焼き増し**　　● 写真+**本**=**写真集**

参 左手のすべての指を曲げ、右手のひらを自分のほうに向けて上から下ろす表現もある。右手をシャッター、左手をレンズに見立てている。

社長

「会社+長」で表す

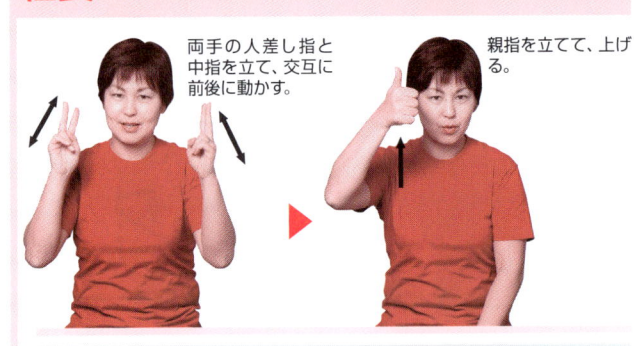

両手の人差し指と中指を立て、交互に前後に動かす。

親指を立てて、上げる。

● 社長+**部屋**=**社長室**　　● 社長+**捨てる**=**社長更迭**

参 1つ目の動作だけだと「会社」、2つ目の動作だけだと「長」の意味になる。
参 具体的に「女社長」と表したいときは、親指の代わりに小指を立てて、上げる。

就職

「仕事＋入る」で表す

両手の手のひらを上向きにして、左右から2回寄せる。

両手の人差し指で「入」の形を作り、前に倒す。

- ●就職＋**動く**＝就職活動
- ●就職＋**難しい**＝就職難

参 1つ目の動作だけだと「仕事」「職業」「働く」、2つ目の動作だけだと「入る」の意味になる。

渋滞

自動車が列を作る様子

両手をコの字型にし、指先を前に向けて前後に置く。

両手を引き離す。

- ●**毎日**＋渋滞＝**いつも渋滞**
- ●渋滞＋**ない**①＝渋滞しない

参 両手を引き離さず、同時に前方に動かすと、自動車がスムーズに走っていることを意味する。

柔道

背負い投げのポーズを表す

両手をにぎり、肩あたりで上下に構える。

ひねりながら前に倒す。

●柔道+**試合**=**柔道の試合**　●柔道+**服**=**柔道着**

参 スポーツは実際の動きをイメージした表現で表す。たとえば、「剣道」は、にぎった左手の上に人差し指を伸ばした右手を乗せ、前へ振り出す。

宿題

「家+書く」で表す

両手の手のひらをななめ下に向け、指先を合わせる。

左手はそのままにして、右手の親指と人差し指を付け、物を書くしぐさをする。

●宿題+**来週**+**〜まで**=**来週までの宿題**　●宿題+**嫌がる**=**宿題は嫌い**

参 「宿題」はさまざまな表現があり、「勉強+土産(つまむ形にした右手を、上に向けた左手のひらの少し上に置き、前に出す)」や、「家+土産」で表すこともある。

手術

右手をメス、左手を患部に見立て、メスで切っている様子

下に向けた左手の甲に右手の人差し指をあてて、手前に引く。

- ●手術＋難しい＝**難しい手術**　●手術＋部屋＝**手術室**
- ●手術＋終わる(疑問の表情)？＝**手術は終わった？**

😊両手の人差し指を両ほおにあて、交互に前後させると「けが」の意味になる。

主婦

手を屋根に見立て、「家の中にいる女性」を表す

手のひらを下に向けた両手をななめにし、指先を合わせる。

左手を残し、手のひらの下で右手の小指を立てる。

- ●主婦＋友達＝**主婦の友**

😊1つ目の動作だけだと「家」「屋根」の意味になる。
😊「主夫」は、右手の小指の代わりに、親指を立てる。

趣味

ほおずりするイメージ

軽く曲げた手をほおの近くに置く。

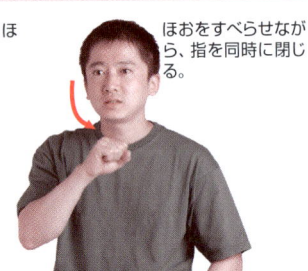

ほおをすべらせながら、指を同時に閉じる。

- **あなた**+**趣味**+**何（疑問の表情で）？**=**あなたの趣味は何ですか？**
- **趣味**+**釣り**=**釣りが趣味**　●**読書**+**趣味**=**読書が趣味**

😊 手をにぎらずに手のひらを前に向け、そのまま下にはらうと「スムーズ」の意味。

手話

手をしきりに動かしている様子

両手の人差し指を向かい合わせて交互に回転させる。

- **手話**+**サークル**=**手話サークル**　●**日本**+**手話**=**日本手話**
- **手話**+**勉強**+**中**=**手話の勉強中です**

😊 人差し指の代わりに、すべての指を伸ばした両手を回す表現もある。

順調

スムーズに進む様子

親指を折り、他の4本の指をそろえて伸ばし、ほおに近付ける。

そのまま下にはらう。

- ●仕事+順調+あなた(疑問の表情で)？＝仕事は順調ですか？
- ●順調+取引+終わる＝順調に取引を終えた

同 スムーズ

紹介

人と人とを仲介する様子

親指を立てて、口の前で2回左右に動かす。

- ●紹介+お金＝紹介料　●紹介+人(じん)＝紹介者
- ●後+わたし+彼女+紹介＝今度、彼女を紹介します

同 案内

小学校

「小+学校」で表す

左手の人差し指を立て、右手の人差し指と中指で後ろからはさむ。

軽く曲げた両手のひらを上に向けて並べ、同時に上下させる。

- ●小学校+**入学式**=**小学校の入学式**　●小学校+**図書館**=**小学校の図書館**
- 2つ目の動作だけだと「学校」「勉強」「学ぶ」の意味になる。
- 「小学校2年生」は、1つ目の動作「小」+数字「2」で表す。

上司

「上+司」で表す

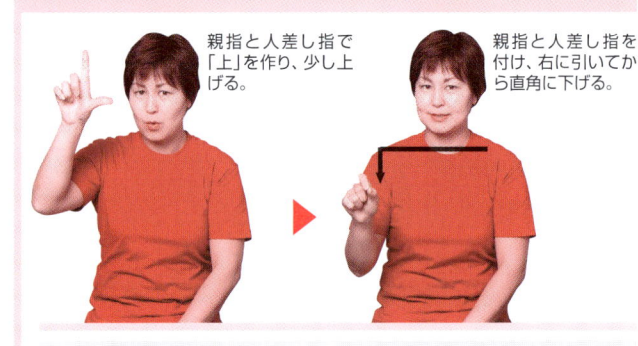

親指と人差し指で「上」を作り、少し上げる。

親指と人差し指を付け、右に引いてから直角に下げる。

- ●上司+**紙**+**預かる**=**上司から書類を預かる**
- 1つ目の動作だけだと「上」、2つ目の動作だけだと「司」「司会」「司法」「十分」という意味になる。

消費税

「使う＋税金」で表す

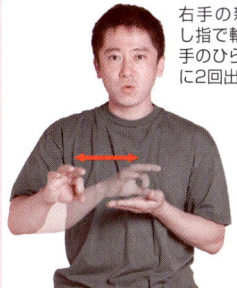

右手の親指と人差し指で輪を作り、左手のひらに乗せ、前に2回出す。

右手で作った輪を手首を手前にひねって開く。

- ●消費税＋**加える**＋**1000**＋**円**＝**消費税込で1000円**
- ●**給料**＋税＝**所得税**　●**いる**＋税金＝**住民税**

💡 1つ目の動作だけだと「使う」、2つ目の動作だけだと「税金」の意味。

消防署

ホースを持って、消火している様子

ホースを持つように両手を曲げ、前後に置いてから両手を左右に振る。

すべての指を軽く曲げて下に向け、少し下げる。

- ●消防署＋**行く**＋**欲しい**＝**消防署に行ってみたい**

💡「1つ目の動作＋救急車」で、「消防車」の意味になる。
💡 2つ目の動作だけだと「場所」の意味になる。

しょうゆ　　　　　　　　しょうゆをかける様子

小指を伸ばし、指先を下に傾けて手を回す。

● (色が)**薄い**+しょうゆ=**薄口しょうゆ**

参 「しょうゆ」にはさまざまな表現方法があり、「むらさき」や「塩辛い+ソース」と表現することもある。

ジョギング　　　　　　　ジョギングをする様子

両手をにぎり左右に構え、上下させる。

● **毎日**+**朝**+ジョギング=**毎朝のジョギング**

同 マラソン
参 両手のこぶしを交互に前に出すと「走る」の意味になる。

食事

食べている様子

人差し指と中指を伸ばしてそろえ、口元に近づける。

- ●食事＋趣味＝**グルメ、食通**　　●食事＋歩く＝**食べ歩き**
- ●食事＋欲しい＋ある(疑問の表情)？＝**食べたい物はある？**

同 ご飯、食べる、食品

女性

水平に回すことで、女性一般という広い意味を表す

両手の小指を立てて合わせ、手前に水平に円を描く。

- ●女性＋**本**＝**女性誌**　　●女性＋グループ＝**婦人部**

同 婦人
反 「男性」は、両手の親指を立てて合わせ、手前に水平に円を描く。

調べる

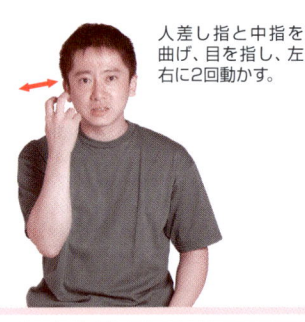

じっくり物を見て、目が動く様子

人差し指と中指を曲げ、目を指し、左右に2回動かす。

●調べる+**お願い**=**調査依頼**　●**目**+調べる=**眼科検査**

同 確認する、検査、確かめる、調査、はかる
参 左右に動かさずに、1回だけ左から右に動かすと「発見」の意味になる。

白

歯が白いことから

人差し指で歯を指して横に引く。

●**赤**+白=**紅白**　●白+**黒**=**白黒**　●白+**コート**=**白いコート**

参 歯を指すだけの表現もある。
反 「黒」は手で頭をなでながら下げる。髪の毛が黒いことから。

新幹線

新幹線の先頭車両の形を表す

手の甲を前に向け、少し曲げて口元から前に出す。

- 新幹線+**予約**=**新幹線の予約**　● 新幹線+**乗る**=**新幹線に乗る**
- **東京**+**〜まで**+新幹線+**行く**=**東京まで新幹線で行く**

参 「こだま」「ひかり」「のぞみ」などは指文字で表す。

信号

信号が点滅する様子

手の甲を前に向けた両手を頭の横に置き、交互に閉じたり開いたりする。

- **赤**+信号=**赤信号**　● **青**+信号=**青信号**
- 信号+**待つ**=**信号待ち**　● 信号+**故障**=**信号機故障**

参 頭の上から顔に向けて指先をはじくと、「電気」「ライト」の意味になる。

診察を受ける

診察を受けている様子

左手を胸にあて、その甲に右手の人差し指と中指を付け、軽く叩く。

- ●診察＋**部屋**＝**診察室**　●診察＋**カード**＝**診察券**　●診察＋**日**＝**診察日**

同診療、治療　反「診察する」は、右手の人差し指と中指を伸ばし、手のひらを前に向けた左手の甲を2回叩く。

寝室

「寝る＋場所」で表す

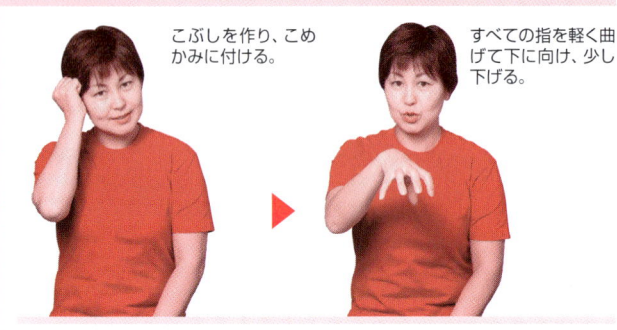

こぶしを作り、こめかみに付ける。

すべての指を軽く曲げて下に向け、少し下げる。

- ●**兄**＋寝室＋**いる**＝**兄は寝室にいます**　●寝室＋**寝る**＝**寝室で寝なさい**

参 1つ目の動作だけだと「寝る」「眠る」「眠い」「睡眠」、2つ目の動作だけだと「場所」という意味になる。

信じる

体から離して手をにぎると「持つ」の意味になる

手のひらを上に向けて、小指側を胸に付ける。

手を少し上げながらにぎる。

- ●信じる+**可能**=信じられる
- ●信じる+**銀行**=信用金庫

🔵自信、自信を持つ、信用、信頼
🔴「信じられない」は、胸にこぶしを付け、勢いよく手を開く。

親戚

近い関係であることを表す

両手の親指と小指を立て、小指同士を交差させたり離したりする。

- ●親戚+**おじさん**=親戚のおじさん
- ●親戚+**集まる**=親戚の集まり

🔵似る、〜みたい　★両手とも親指と人差し指を付け、指先を合わせ、ほおの横で左右どちらかの手のみを2回前に出す表現もある。

心配

両手の指先を軽く曲げ、胸にあてて表すこともある

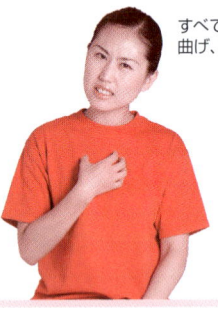

すべての指先を軽く曲げ、胸にあてる。

●心配＋**与える**＝**心配をかける**　●心配＋**答える**＝**警報**

同 危ない、危険、不安
反 「安心」は、両手のひらを上向きにして胸の前に置き、下げる。

水泳

指を足に見立てて、泳いでいる様子

人差し指と中指を伸ばして交互に上下させ、横に動かす。

●水泳＋**趣味**＝**水泳が趣味**　●水泳＋**行く**＝**プールへ行く**

同 泳ぐ、プール
参 2本の指を交互に動かしながらななめ下に動かすと「ダイビング」の意味になる。

数学

「3×3」のイメージ

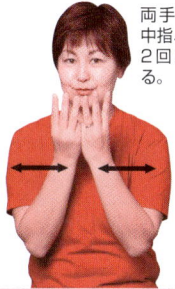

両手の人差し指と中指、薬指を立てて、2回ぶつけ合わせる。

- ●数学+**学校**=**数学の授業**
- ●数学+**試験**=**数学の試験**

(同) 算数、数、数字、番号
(参) 「計算」は、右手の指先を、上向きにした左手のひらに乗せ、右手だけ横に2回動かす。

スーツ

ジャケットの襟の形を表す

両手の親指を立て、左右の肩あたりに構える。

背広の襟を描きながら下げる。

- ●黒+スーツ=**黒のスーツ**
- ●**すてき**+スーツ=**すてきなスーツ**
- ●**イタリア**+**作る**+スーツ=**イタリア製のスーツ**

(同) ジャケット

スーパーマーケット

物をつかんで、カゴの中に入れる様子

両手のこぶしを上下に置く。

片手のこぶしを開いたり閉じたりし、カゴに物を入れるしぐさをする。

- **すばらしい**＋スーパーマーケット＝**高級スーパー**
- **広い**＋スーパーマーケット＝**広いスーパーマーケット**

同 買い物をする

好き

好きな物を前にして生つばを飲み込む様子

親指と人差し指を開いてのどにあて、指を閉じながら下げる。

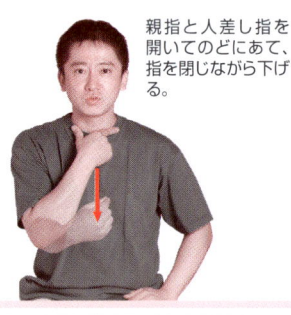

- **花**＋好き＝**花が好き**　　● **好き**＋**嫌い**＋**ない**①＝**好き嫌いがない**

同 欲しい、〜したい、希望
反 「嫌い」は、親指と人差し指を付けて、開きながら下げる。

スキー

指をスキー板に見立て、すべる様子

両手の人差し指を軽く曲げ、指先を前に出す。

● スキー＋場所＝**スキー場**　● スキー＋旅行＝**スキー旅行**

「スキー初心者」は、両手の人差し指をハの字にしてボーゲンを表し、「上級者」は指をそろえ、左右に動かしてパラレルを表す。

すき焼き

指をはしに見立て、はしで肉を焼いている様子

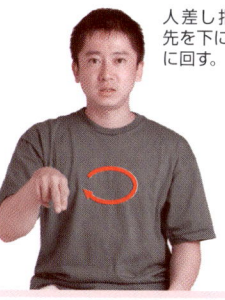

人差し指と中指の先を下に向け、水平に回す。

● すき焼き＋鍋＝**すき焼き鍋**　● すき焼き＋好き＝**すき焼きが好き**

手を同じ形にして熱湯につける動作を繰り返すと「しゃぶしゃぶ」、ひっくり返す動作だと「焼き肉」の意味。

すごい

力が入っているイメージ

指先を少し曲げた右手を左腕に置き、半回転させて肩に置く。

●**言う**+**すごい**=**すごい話**　●**青**+**天気**+**すごい**=**雲ひとつない青空**

参 手話では、「すごい」のような形容詞は文末に置くことが多い。
参 両手を互い違いにねじれるようにすると、「調子がくるう」の意味。

少し

指の間を小さく開けることで「ちょっと」の意味を表す

親指と人差し指を横に伸ばし、指間を少し開ける。

●**少し**+**待つ**+**お願い**=**少々お待ちください**

同 少ない、ちょっと
参 親指と人差し指を付け、パッと離しながら横に動かすと「すぐ」の意味。

寿司

寿司をにぎる様子

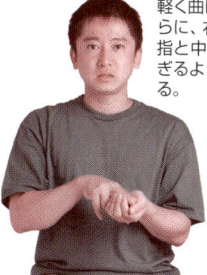

軽く曲げた左手のひらに、右手の人差し指と中指を乗せ、にぎるような動きをする。

- ●**皿**(の形を表して水平に回す)+**寿司**=**回転寿司**
- ●**寿司**+**好き**=**寿司が好き**

参 上向きにした左手のひらに右手の人差し指と中指をあてると「決める」の意味。

すっぱい

すっぱそうな表情をしながら表現する

手をすぼめ、口元に置く。

指先を開く。

- ●**果物**+**すっぱい**=**すっぱい果物**
- ●**甘い**+**すっぱい**=**甘ずっぱい**
- ●**すっぱい**+**食べる**+**欲しい**=**すっぱい物を食べたい**

参 調味料の「酢」は、指文字の「す」で表す。

すてき

「すてき」は、男性的な表現と女性的な表現で動作が異なる

男性的
手のひらを下向きにした手の人差し指側を鼻の下にあて、横に引く。

女性的
両手を胸の前で組む。

●すてき+建物=**高級マンション**　●服+すてき=**すてきな服**

(同) 偉い、豪華、高級、立派な
(参) 「すばらしい」は、「すてき」の男性的な表現で表すこともできる。

捨てる

物を捨てる様子

手をにぎり、勢いよく投げるように下に向けて開く。

●使う+捨てる=**使い捨て**　●捨てる+イヌ=**捨てイヌ**

(同) 放り投げる
(参) 手をにぎり、真下にパッと手を開くと「落とす」の意味になる。

ストレス

ストレスが溜まるイメージ

左手のひらを下に向け、胸の前あたりで構え、指文字「す」を作った右手を下からあてる。

- **仕事**+ストレス=**仕事のストレス**
- ストレス+**失う**+**方法**=**ストレス解消法**

反「ストレスがなくなる」は、左手のひらにつけた右手(指文字「す」)を下げる。

すばらしい

こぶしを鼻の前に置き、ななめに上げる表現もある

手を鼻の下にあて、横に引く。

- **本**+すばらしい=**すばらしい本**
- すばらしい+**人**(じん)=**すばらしい人**

同 すてき、偉い、豪華、高級、立派な
参 こぶしを鼻の前に置き、そのまま少し前に出すと「よい」の意味。

スプーン

スプーンで食べ物をすくって食べる様子

片手でスプーンを持つようにし、口元に引き寄せる。

- ●スプーン+使う(疑問の表情で)？=**スプーンを使いますか？**
- ●スプーン+ある(疑問の表情で)？=**スプーンある？**

同 スープ、スープを飲む

スポーツ

体を動かすイメージ

両手をにぎって胸に置き、軽く叩く。

- ●スポーツ+グループ=**スポーツクラブ**
- ●彼女+スポーツ+好き=**彼女はスポーツが好きだ**

参 両手を開いて体と垂直に置き、交互に前に回す表現もある。

相撲

シコを踏む様子

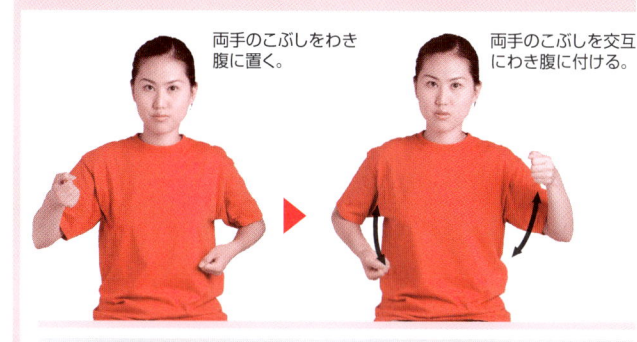

両手のこぶしをわき腹に置く。

▶

両手のこぶしを交互にわき腹に付ける。

- ●相撲+**試合**=**相撲の試合**　●相撲+**建物**=**両国国技館**
- ●相撲+**鍋**=**ちゃんこ鍋**

※両手のこぶしを同時におなかにあてると「おもしろい」の意味になる。

する

自ら進んで行うイメージ

こぶしを作った両手を同時に前に出す。

- ●**本当**+**する**+**委員**+**会**=**実行委員会**

同 行う、実行、やる
※両手を前に出さずに上下させると、「元気」の意味になる。

ずるい

「逆なで」「人の気にさわる」というようなイメージ

右手の甲を左ほおに付け、上下にさする。

- ●ずるい+**中止**=**ずる**しないで
- ●ずるい+**賢い**=**ずる**賢い

参 右手のひらを左ほおに向けて2回あてると「大事」「大切」の意味になる。また、右手のひらを右ほおに向けて2回あてると「おいしい」の意味。

座る

イスに座る様子

右手の人差し指と中指を曲げ、左手の横に伸ばした人差し指の上に乗せる。

- ●座る+**構わない**(疑問の表情で)?=**掛けてもいいですか?**

同 イス、出席する、席、乗り物、乗る
参 畳などに座るときは、右手の人差し指を中指を折り曲げ、左手のひらに乗せる。

政治

「政府＋行政」で表す

体の前で両手のひらを逆さに合わせて構え、合わせた両手を逆方向に回転させる。

両手の親指と人差し指を前に向け、交互に前後させる。

- ●政治＋家＝**政治家**　●政治＋動く＝**政治活動**
- ●政治＋ニュース＝**政治のニュース**

参 1つ目の動作だけだと「政府」「県」「省」、2つ目の動作だけだと「行政」の意味。

ぜいたく

指で作った輪をお金に見立て、お金が出ていく様子を表す

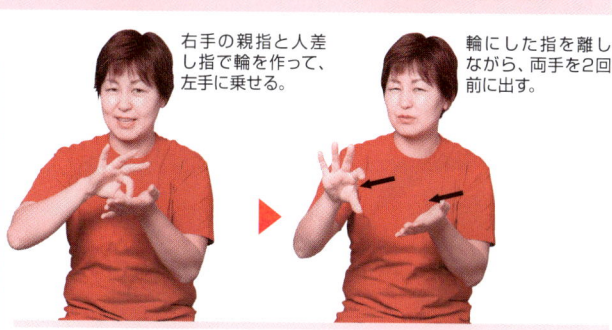

右手の親指と人差し指で輪を作って、左手に乗せる。

輪にした指を離しながら、両手を2回前に出す。

- ●彼女＋ぜいたく＋家＝**彼女は浪費家だ**

同 浪費、むだ
参 右手の輪を離さずに前に2回出すと、「使う」の意味。

整理する

物を移動させて、きちんと片付ける様子

両手の人差し指と中指を前に向けて伸ばす。

同時に横に移動させる。

● 整理＋**カード**＝**整理券**　● **言う**＋整理＝**話を整理する**

(同) 片付け、準備、制度、用意
(参) 向かい合わせた両手のひらを上下させながら横にずらす表現もある。

セーター

「編む＋服」で表す

両手の人差し指を交差させる。

両手の指先を向かい合わせ、胸の前で構え、そのまま下げる。

● **手**＋セーター＝**手編みのセーター**

(参) 1つ目の動作だけだと「編む」「編み物」、2つ目の動作だけだと「服」「コート」「ワンピース」「ファッション」の意味になる。

責任

責任が肩に乗っているイメージ

軽くわん曲させた手を、肩にトンと乗せる。

●責任＋思う＋ない①＝**責任感がない** ●責任＋人(じん)＝**責任者**

同 担当、任務、(〜の)せいで、任される
参 手を肩に乗せたあと、その手を前に倒すと「(あなたに)任せた」という意味。

狭い

間隔を狭めることで表す

開いた両手を体と垂直に構え、中央に寄せる。

●家＋狭い＝**家が狭い** ●気分＋狭い＝**心が狭い**

参 中央に寄せれば寄せるほど、より狭い意味になる。
反 「広い」は、両手を左右に広げる。

世話

手でさすっていたわるイメージ

両手のひらを向かい合わせて手首を近付け、交互に上下に動かす。

- ●世話＋場所＝**保育園**　●世話＋**男**(女)＝**保育士**
- ●家＋世話＝**ホームヘルパー**　●子ども＋世話＝**子どもの世話**

育児、介護、サービス、育てる

先生

性別関係なく使える表現

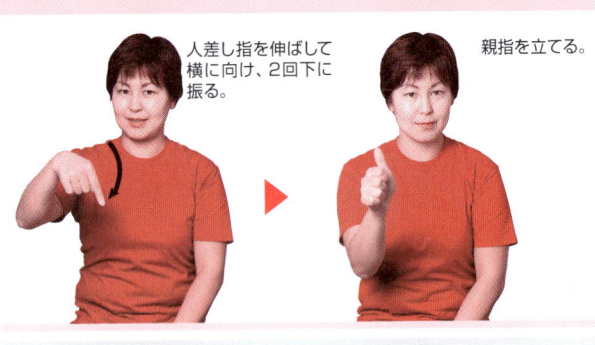

人差し指を伸ばして横に向け、2回下に振る。

親指を立てる。

- ●英語＋先生＝**英語の先生**　●わたし＋先生＋好き＝**先生が好き**

- 1つ目の動作だけだと「教える」「教育」「指導」の意味。
- 具体的に「女性教師」と表したいときは、「教える＋女」と表す。

センチメートル

「cm」を空書して表す

人差し指で、「c」を空書する。

人差し指で、「m」を空書する。

- ●**10**+センチメートル=**10センチメートル**
- ●**3**+センチメートル+(背が)**高い**=**背が3センチ伸びた**

参 「ミリメートル」は「mm」と空書する。

先輩

手を上げることで、年齢や地位が上であることを表す

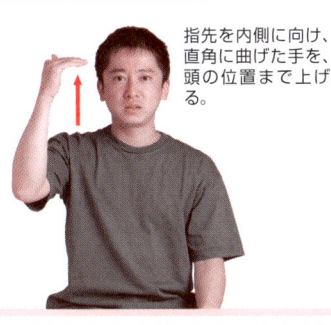

指先を内側に向け、直角に曲げた手を、頭の位置まで上げる。

- ●**2**+先輩=**2年先輩**　●**会社**+先輩=**会社の先輩**

同 上級生、年上
反 「後輩」は、同じ形の手を下げる。

葬式

「焼香+拝む」で表す

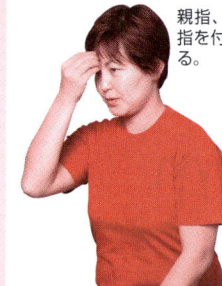

親指、人差し指、中指を付け、額に付ける。

両手のひらをこすり合わせる。

- ●夜+葬式=**お通夜**　●葬式+休み=**忌引**(きびき)
- ●葬式+座る=**葬式に参列する**　●葬式+行く=**葬式に行く**

参 1つ目の動作だけだと「焼香」、2つ目の動作だけだと「拝む」「宗教」の意味。

想像

思いをふくらませるイメージ

指を少し曲げ、頭の横からななめ上へ離す。

- ●雨+想像=**雲行きがあやしい**

同 予想、夢、たぶん、夢想
参 手のひらを下にして指をヒラヒラ揺らしながら、前に出すと「あこがれる」の意味。

相談

親指を人に見立て、話をするイメージ

左右に両手の立てた親指を構え、中央で2回打ち付ける。

- ●彼＋相談＝**彼に相談する**
- ●結婚＋相談＋場所＝**結婚相談所**

🔁 打ち合わせ、会議
※ 両手を少し上げながら1回だけぶつけると、「試合」の意味になる。

ソース

ソースの容器を持って、かける様子

片手で筒型を作り、下に傾けて回す。

- ●甘い＋ソース＝**甘口ソース**
- ●辛い＋ソース＝**辛口ソース**
- ●ソース＋加える＝**ソースを加える**

※ 「しょうゆ」は、小指を伸ばし、指先を下に傾けて手を回す。

卒業式

おじぎをしながら卒業証書を受け取る様子

頭を下げながら、両手のこぶしを少し上げる。

両手のひらを前に向けて並べ、すべての指を前に折る。

- ●卒業＋**学生**＝**卒業生**　●卒業＋**四角**＝**卒業証書**
- ●卒業＋**学生**＋**言葉**＝**答辞**

🌀 1つ目の動作だけだと「卒業」、2つ目の動作だけだと「式」という意味。

祖父

親指は「男性」を表す

人差し指をほおにあてる。

親指を少し曲げて軽く振る。

- ●祖父＋**元気**＝**祖父は元気だ**　●祖父＋**年齢**＋**70**＝**祖父は70歳だ**
- ●祖父＋**葬式**＝**祖父の葬式**

🌀 1つ目の動作は「肉親」を表す。

祖母

小指は「女性」を表す

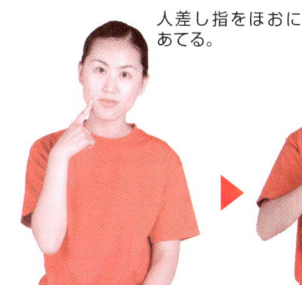

人差し指をほおにあてる。

小指を少し曲げて軽く振る。

- 祖母+元気=祖母は元気だ
- 祖母+年齢+80=祖母は80歳だ
- 祖母+葬式=祖母の葬式

💡 1つ目の動作は「肉親」を表す。

そろそろ

両手を交差させることで、時間を合わせるようなイメージ

両手の指先を前に向け、上下に構えて交互に左右に軽く振る。

- そろそろ+子ども+寝る+時間=そろそろ子どもは寝る時間だ
- そろそろ+行く=そろそろ行こう

💡 片手だけで、同様の動きをすると、「〜くらい」「〜ころ」「だいたい」の意味。

田

漢字の「田」の形を表す

両手の人差し指と中指、薬指を交差させて漢字の「田」を作る。

- ●山+田=**山田**　●田+**みんな**=**田園**

参 両手でこぶしを作り、鍬(くわ)を2回振り下ろすような動作をすると「畑」「農業」「耕す」の意味になる。

ダイエット

ほっそりとしたウエストラインを表す

両手のひらを向かい合わせる。

幅を狭めながら下げる。

- ●ダイエット+**中**=**ダイエット中**　●ダイエット+**薬**=**やせ薬**

同 痩せる、痩せている、(体が)細い
反 「太い」は、両手をわん曲して向かい合わせ、左右に広げる。

体温

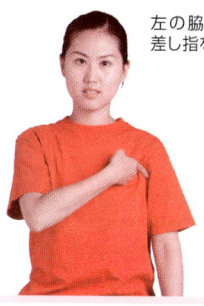

体温計で熱をはかる様子

左の脇に右手の人差し指を入れる。

● 体温＋**検査**＝**体温を調べる**

同 体温計、体温をはかる
参 「熱」は、右手の親指と人差し指をつけて左脇に置き、人差し指を上げる。

大学

大学生の角帽の形を表す

額の前で両手の親指と人差し指の先をななめ前後に向かい合わせ、付ける。

前後を逆にし、また指先を付ける。

● **短い**＋大学＝**短期大学**　● 大学＋**学生**＝**大学生**
● **国**＋**立つ**＋大学＝**国立大学**

参 両手の人差し指を伸ばし、目の前で左右に開いて後ろに持っていく表現もある。

体操

体操をする様子

両手を軽くにぎって左右に構え、中心に寄せながら交差させる。

左右に振り、腕の体操をする。

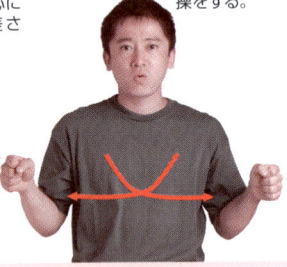

- ●体操+建物=**体育館**　●体操+服=**体操服**　●体操+靴=**運動靴**

類 体育
※ 「新体操」は、競技用リボンの棒を回す動作で表す。

台所

「料理+場所」で表す

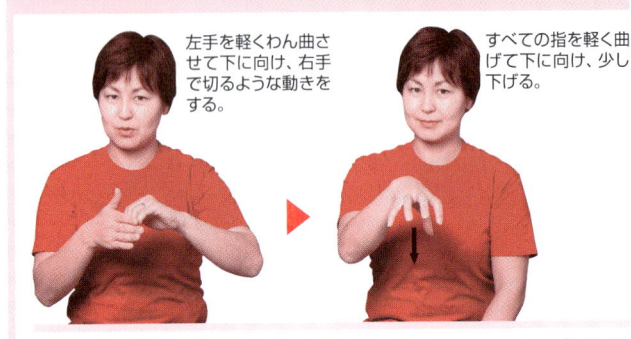

左手を軽くわん曲させて下に向け、右手で切るような動きをする。

すべての指を軽く曲げて下に向け、少し下げる。

- ●指文字「し」「す」「て」「む」+台所=**システムキッチン**
- ●いつも+母+台所+いる=**いつもお母さんは台所にいる**

※ 1つ目の動作だけだと「料理」「包丁」、2つ目の動作だけだと「場所」の意味。

ダイビング

右手を人、左手を水面に見立て、海に潜っていく様子を表す

左手のひらを下に向け、右手の人差し指と中指を立てて、交互に動かしながら下げる。

- ●**経験**+ダイビング=**体験ダイビング**
- ●ダイビング+**行く(疑問の表情で)?**=**ダイビングに行きますか?**

参 片手の人差し指と中指を交互に動かしながら、ななめに下げる表現もある。

耐える

上から押し付けられても耐えている様子

右手のひらを下に向け、立てた左手の親指を付け、下げる。

- ●耐える+**無理**=**耐えられない**
- ●**苦しい**+耐える=**苦しさに耐える**

同 我慢する

高い

「高い」は「(背が)高い」と「(値段が)高い」で、表現方法が異なる

背が高い

親指以外の4本の指をそろえて曲げ、顔の横で上げる。

- ビル+高い=**高いビル**
- 高い+田=**高田**

反 「背が低い」は、肩まで手を下げる。

値段が高い

親指と人差し指で輪を作り、上げる。

- 家+お金+高い=**家賃が高い**
- 高い+違う?=**高いんじゃない?**

反 「安い」は、左手を添えて輪を下げる。

タクシー

タクシーが走っていく様子

人差し指と小指を立て、他の3本の指は先を合わせ、前に出す。

- タクシー+**自動車**+**男**=**タクシー運転手**
- タクシー+**呼ぶ**=**タクシーを呼ぶ**

参 手を上げてタクシーを拾う動作だけで表現することもある。

たくましい

力強く、力こぶを作るイメージ

両わきのあたりでグッと力を入れ、両手でこぶしを作り手前に引く。

- ●たくましい+**男性**+**かっこいい**=**たくましい男性はかっこいい**
- ●たくましい+**体**=**たくましい体**

参 手はこぶしを作り、腕を直角に曲げると「強い」の意味になる。

～だけ

「打ち止め」というイメージ

右手の人差し指を立て、左手のひらにポンと乗せる。

- ●**わたし**+～だけ=**わたしだけ** ●～だけ+**違う**=**～だけではない**

同 ～しか
参 左手に乗せた右手の人差し指を左右に振りながら前に出すと、「地図」の意味になる。

叩く

何かを叩いている様子

手のひらを前に向け、下に向かって振りはらう。

● わたし+弟+叩く　母+叱る+わたし=**弟を叩いて、お母さんに叱られた**

「叱る」は、親指を立てた手を軽く前に出して表す。この表現は、ほかに「ダメ」「禁止」「罰」の意味がある。

正しい

気持ちがまっすぐであることを表す

人差し指と親指を付けた両手を上下に置き、引き離す。

● 正しい+言葉=**正しい言葉**　● 気分+きれい+正しい=**純粋な心**

同 素直、正直、まじめ
参 人差し指と親指を付けた片手を、胸の前で上げるだけでも表せる。

たとえば

左手を面、右手を目に見立て、「ある一面を見せれば」というイメージを表す

開いた左手の甲に、右手の親指と人差し指で作った輪をあてる。

●**たとえば**+**言う**=**例を説明する**　●**もし**+**たとえば**=**もしかしたら**

同 仮、仮に、たとえ、もし、例
参 「もし」は、ほおを親指と人差し指でつまむようにして表すこともある。

楽しい

ゆっくり手を動かすと「とても楽しい」の意味になる

両手の指先を自分に向け、胸の位置で交互に上下させる。

●**遊ぶ**+**楽しい**+**場所**=**行楽地**　●**楽しい**+**待つ**=**期待**

同 楽しみ、うれしい、喜ぶ、喜び、バラエティー
参 「楽しかったです」とお礼を言うときにも使える。

食べる

はしを使って食べている様子

人差し指と中指を伸ばして、口元に近付ける。

- ●食べる+歩く=食べ歩き　●ケーキ+食べる+欲しい=ケーキを食べたい

同 ご飯、食事
参 お菓子をつまむ動作、スプーンですくう動作など、食べ物によって表現が変わる。

卵

卵を割る様子

両手を向かい合わせ、各指の先を合わせる。

指先を離して、下に向ける。

- ●温泉+卵=温泉卵　●医者+卵=医者の卵
- ●すき焼き+卵+似合う=すき焼きには卵が合う

参 医者の卵、弁護士の卵という場合にも使える。

だます

きつねの「き」を指文字で表して表現する

人差し指と小指を立て、親指、中指、薬指を付けて胸の前で小さく回す。

●うそ+だます=**偽装(ぎそう)**　●女+だます=**女性をだます**

同 ごまかす
反 「だまされる」は、手を同じ形にして、指先を自分に向けて回す。

試す

人差し指を立て「1回」を表し、指を目の下にあて「見てみる」を表す

人差し指を立て、目の下に2回軽くあてる。

●試す+構わない(疑問の表情で)？=**試してみてもいいですか？**
●試す+食べる=**試食**　●服+試す=**試着**

参 小指を立て、目の下に2回あてると「愛人」の意味になる。

誰　　　　　　　　　　　顔を確認する意味から

指の背側をほおにあてる。

- ●今日+来る+誰（疑問の表情で）？=**今日、誰が来る？**
- ●紹介+誰（疑問の表情で）？=**誰からの紹介？**

参 誰かを指して「誰？」と表現すると、「あの人は誰ですか？」の意味になる。

誕生日　　　　　　　　　「生まれる+日」で表す

軽くにぎった両手をおなかにあて、開きながら前に出す。

左手の人差し指に右手の人差し指、中指、薬指を付ける。

- ●誕生+花=**誕生花**　●誕生+場所=**出身地**

参 1つ目の動作だけだと「誕生」「生まれる」「産む」「出産」「出身」、2つ目の動作だけだと「日」の意味になる。

男性

水平に回すことで、男性一般という広い意味を表す

両手の親指を立てて並べる。

両手を手前に回し、水平に円を描く。

● 男性＋**学校**＝**男子校**　● 男性＋**風呂**＝**男湯**　● 男性＋**服**＝**紳士服**

🔄 男達
📖 両手を指文字の「ふ」の形にして、同様に円を描くと「フォーラム」の意味になる。

血

血が体内を流れる様子

左腕を伸ばし、小指を立て、他の4本の指の先を合わせた右手（指文字の「ち」）を手首に向かってすべらせる。

● 血＋**与える**＝**献血**　● 血＋**調べる**＝**血液検査**

🔄 血液、血液型
📖 血液型は、それぞれのアルファベットの指文字で表す。

小さい

物の小ささを表現する

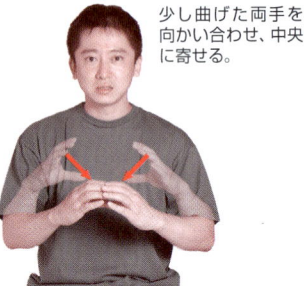

少し曲げた両手を向かい合わせ、中央に寄せる。

- ●**自動車**＋**小さい**＝**小さい車**　●**顔**＋**小さい**＝**顔が小さい**

参 両手の親指と人差し指を伸ばし、中央に寄せる表現もある。
反 「大きい」は、少し曲げた両手を向かい合わせ、左右に引いていく。

違う

「いいえ違います」と答えるときにも使う

親指と人差し指を立てる。

そのまま半回転させる。

- ●**場所**＋**違う**＝**場所が違う**　●**いつも**＋**違う**＝**いつもと違う**

参 両手の親指と人差し指を伸ばして、左右に並べ、互い違いにひねる表現もある。
参 両手の親指と人差し指を伸ばして合わせ、左右に離すと「普通」の意味。

地下鉄

右手を電車、左手を地面に見立て、地面の下を電車が走る様子

下向きにした左手のひらの下に、垂直に立てた右手をくぐらせる。

- ●地下鉄+乗る=地下鉄に乗る　●地下鉄+駅=地下鉄の駅
- ●指文字「と」+営業+地下鉄=都営地下鉄

「地下」は、左手を下に向けて胸の前に置き、右手の人差し指で下を指し、下げる。

遅刻

左手の甲に、右手を垂直に乗せて前にすべらせる「超える」でも表現できる

両手の親指と人差し指を立て、同時に横に移動させながら、手首を回転させる。

- ●遅刻+ごめん=遅刻してごめんなさい　●電車+遅刻=電車が遅れる

遅れる、遅い、ゆっくり　「早い」「速い」は、両手もしくは片手の親指と人差し指を付け、離しながら胸の前あたりに向かって動かす。

父

人差し指をほおにあてるのは「肉親」であることを意味する

人差し指をほおにあてる。

立てた親指を目よりも高い位置に上げる。

●父+兄=伯父　●父+妹=叔母　●あなた+父=あなたのお父さん

参 1つ目の動作だけだと「肉親」、2つ目の動作だけだと「男」の意味になる。
反 「母」は、親指の代わりに小指を目よりも高い位置に上げる。

茶色

栗をかじる様子

手をにぎってあごの下に置き、手前に2回動かす。

●茶色+頭=茶髪　●茶色+靴=茶色い靴
●茶色+スーツ=茶色のスーツ　●茶色+イヌ=茶色のイヌ

由 栗

中学校

「中＋学校」で表す

左手の親指と人差し指を付け、右手の人差し指を後ろからあてる。

軽く曲げた両手のひらを上に向けて並べ、同時に上下させる。

●中学校＋**通う**＋**自転車**＝**自転車で中学校に通う**

1つ目の動作だけだと「中」「(〜している)最中」、2つ目の動作だけだと「学校」「授業」「勉強」「学ぶ」の意味になる。

中止

「ここまで」というイメージ

左手のひらに、体と垂直にした右手を上から乗せる。

●**試合**＋中止＝**試合中止**　●**痛い**＋中止＝**痛み止め**

止める、やめる　左手のひらの上に右手を垂直に置き、右手を左手の指先に向かって動かすと「アパート」の意味。

注射

腕に注射をしている様子

左腕に右手の人差し指をあてる。

●**予防**+注射=**予防注射**　●**子ども**+注射+**嫌がる**=**子どもは注射が嫌い**

🔁 麻酔、麻薬
参 「麻酔」と「麻薬」は口型をつけて区別する。

駐車場

指文字の「P」で表す

立てた左腕の人差し指に右手の親指と人差し指を付け、「P」を作る。

●駐車場+**探す**=**駐車場を探す**　●**お金**+駐車場=**コインパーキング**

参 「駐車」は、左手のひらに親指と他の指の間を開けた(コの字型)右手を乗せる。
参 他にも指文字を使って表す物は多い。たとえば、「W」「C」でトイレの意味。

注文する

注文を伝えるイメージ

手を開き、口元に垂直に構える。

そのまま、ななめ横に出す。

- ●電話+注文=**電話注文**　●注文+**終わり(疑問の表情で)?**=**もう注文した?**
- ●さらに+注文=**オプション**

参 左手のひらに右手の人差し指を乗せて前に出す「申し込む」でも表現できる。

腸

腸の形を表す

腸のあたりで軽くにぎった手を軽くねじる。

- ●小さい+腸=**小腸**　●大きい+腸=**大腸**
- ●胃+腸=**胃腸**　●大きい+腸+検査=**大腸検査**

参「胃」は、指文字の「い」を胃のあたりにあてて表す。

ちょうど

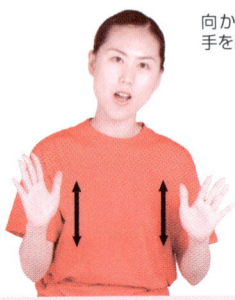

「ちょうど」という表現は、年配の人はあまり使わず、若者がよく使う

向かい合わせた両手を2回下げる。

● 100+円+ちょうど=**ちょうど100円**　● 時間+6+ちょうど=**6時ちょうど**

参 両手を1回だけ下げると「間」の意味になる。また、手を向かい合わせたままトントンと横にずらしていくと「片付ける」の意味。

使う

右手の輪はお金を表す

右手の親指と人差し指で輪を作り、左手のひらに乗せ、前にすべらせる。

● 使う+税金=**消費税**　● 指文字「り」+使う=**利用**

同 使用、消費
参 もともとは「お金を使う」という意味だが、「気を遣う」などにも使う。

疲れる

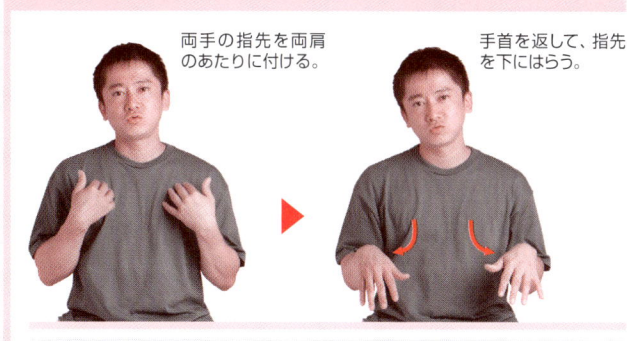

体から力が抜けて、だるくなる様子

両手の指先を両肩のあたりに付ける。

手首を返して、指先を下にはらう。

- **仕事**+疲れる=**仕事で疲れる**   ●**気分**+疲れる=**心労**
- **遊ぶ**+疲れる=**遊び疲れ**   ●疲れる+**寝る**=**疲れて寝る**

参両手首を下ろして、そのまままっすぐ下げると「ワンピース」の意味になる。

次

「そこの隣」の意味

人差し指を立て自分のほうに向ける。

手首を返し、指先を前に向ける。

- **家**+次=**隣の家**   ●次+**いつ（疑問の表情）？**=**次はいつ？**

同 隣
参最初に手のひらを上向きにして、前方に送る表現でもよい。

作る

かなづちで物を作る様子

両手のこぶしを上下に構え、2回打ち付ける。

- ●**手**+作る=**手作り** ●**手**+作る+**そば**=**手打ちそば**
- ●**自分**+**食事**+作る=**自炊する** ●**木**+作る=**木製**

🔄 仕事

妻

小指は女性を意味する

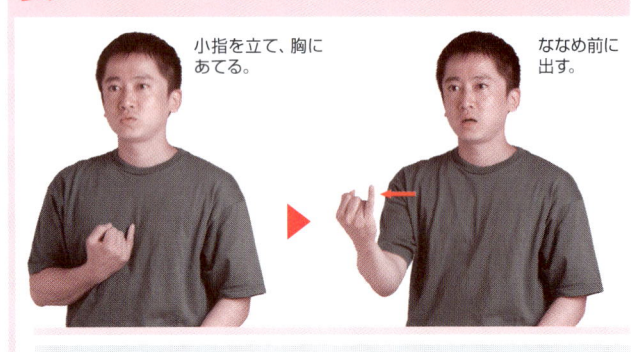

小指を立て、胸にあてる。

ななめ前に出す。

- ●**新しい**+妻=**新妻** ●**妻**+**2**+**目**=**2度目の(再婚した)妻**

参 小指を立てた右手と、親指を立てた左手を付け、右手を前に出すという表現もある。
反 「夫」は、親指を立て、ななめ前に出す。

つまり

両手で何かをつかんで、ひとまとめにする様子

両手のひらを下向きにして胸の前あたりで構え、にぎりながら中央に寄せる。

●つまり+**会**=**総会**　●つまり+**何（疑問の表情で）？**=**つまり何？**

同 総合、まとめる、要するに
参 両手の親指と人差し指を付けて水引を結ぶようにすると「結果」の意味になる。

釣り

魚を釣り上げる様子

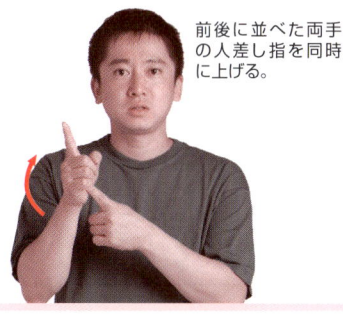

前後に並べた両手の人差し指を同時に上げる。

●釣り+**趣味**=**趣味は釣り**　●**海**+釣り=**海釣り**
●**海岸**+釣り=**磯釣り**　●釣り+**好き**=**釣り好き**

参 左手の人差し指を立てて、右手でリールを巻くように動かす表現もある。

連れて行く

手を引く様子

両手の甲を前に向け、左手で右手の指先を持つ。

そのまままなめ上に持ち上げる。

●**友達**＋連れて行く＝**友達を連れて行く**

同 案内する、送る
参 同じ手の形で水平に回すと「連盟」の意味になる。

手

人差し指で触れるなど、状況に合わせて表現が変わる

右手で左手の甲に触れる。

●手＋作る＝**手作り** ●手＋編む＝**手編み**
●手＋遅刻＝**手遅れ** ●手＋作る＋そば＝**手打ちそば**

参 「指」は指をさわり、「爪」は爪を指して表す。

Tシャツ

指文字「T」+「シャツ」で表す

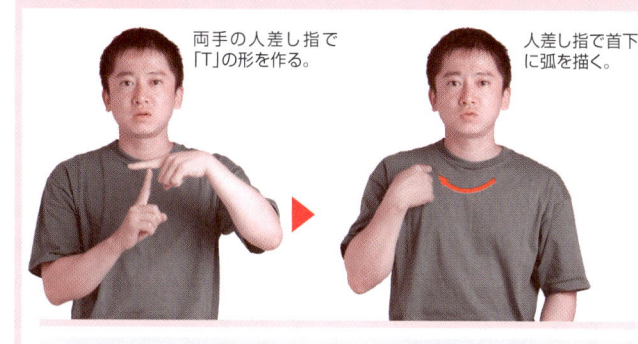

両手の人差し指で「T」の形を作る。

人差し指で首下に弧を描く。

- ●Tシャツ+**サイズ**+**指文字「M」**=**MサイズのTシャツ**
- 2つ目の動作だけだと「シャツ」の意味になる。「シャツ」は、カッターシャツやハイネックなど襟の形によって表現方法を変える。

デート

親指が男性、小指が女性を表す

親指と小指を立て、2回前に出す。

- ●**初めて**+デート=**初デート**　●デート+**約束**=**デートの約束**
- ●デート+**予定**=**デートするつもり**
- 親指と小指を立てて、手首を軽くねじると「カップル」「夫婦」の意味になる。

テーブル

テーブルの形を表す

両手の手のひらを下向きにして並べる。

両手を左右に開いて、直角に下ろす。

- ●**食べる**+テーブル=**食卓**　●**勉強**+テーブル=**勉強机**
- ●**木**+テーブル=**木のテーブル**　●テーブル+**場所**=**お台場**

同 台、机

できない

否定以外に、依頼や勧誘を断るときにも使う

軽くにぎった手をほおのあたりに付け、ひねる。

- ●**言う**+できない=**言えない**　●**連れて行く**+できない=**連れて行けない**

同 困難、難しい、無理
反 親指以外の4本の指を、左胸、右胸の順であてると「できる」の意味。

出口

「出る+口」で表す

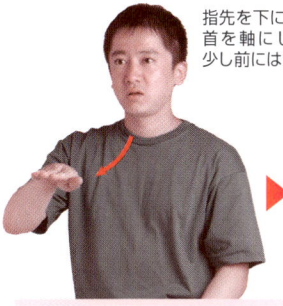

指先を下に向け、手首を軸にして手を少し前にはらう。

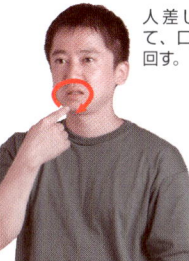

人差し指を立て、口元で1周回す。

●出口+**あれ**=**出口はあちら**　●**家**+**出る**=**外出**

㊟「非常口」は、両手の甲を前に向けて人差し指、中指、薬指を伸ばし向かい合わせ、手首を返して左右に開き、そのあと「口」を表す。

デザート

「甘い」という表現で表す

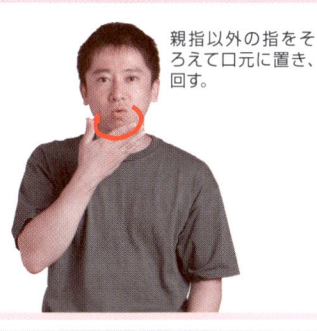

親指以外の指をそろえて口元に置き、回す。

●デザート+**食べる**+**欲しい**=**デザートを食べたい**

㊂甘い、砂糖、佐藤(姓)
㊍「辛い」は、片手のすべての指を軽く曲げて、口元で回す。

手品

手品をしている様子

胸の前あたりで、両手をにぎる。

パッと左手のこぶしを開き、同時に右手の人差し指を左手に向けて伸ばす。

- 手品＋**男**＝**マジシャン**　●**おもしろい**＋手品＝**おもしろい手品**

両手の人差し指と中指を立て、右手の親指、薬指、小指で左手の人差し指と中指をにぎる「忍者」という表現でも表すことができる。

～ですか

相手に意見を尋ねるときに使う

手のひらを体の前に置き、ひじを軸に前に押し出す。

- **入る**＋**構わない**＋～ですか？＝**入ってもいいですか？**
- **サイズ**＋**大丈夫**＋～ですか＝**サイズはいかがですか？**

尋ねる、質問する

手伝う

親指を人に見立て、人をあと押しする様子

左手の親指を立て、後方で右手のひらを前に向ける。

左手に右手を後ろから2回あてる。

● **料理**+**手伝う**+**わたし**(疑問の表情で)？=**料理を手伝いましょうか？**

同 協力、助ける
反 「助けられる」は、左手の親指を立て、右手のひらを前から数回あてる。

テニス

ラケットを左右に振る様子

ラケットを振るように、こぶしを左右に振る。

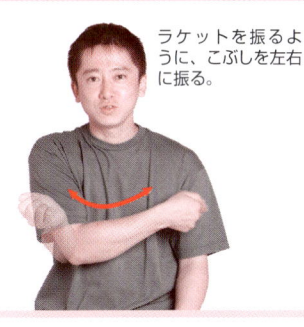

● **テニス**+**教える**+**男**=**テニスのコーチ**

同 デニーズ
参 ラケットを正面に向けるようにし、こぶしを前後に振ると「バドミントン」の意味。

デパート

「売買+建物」で表す

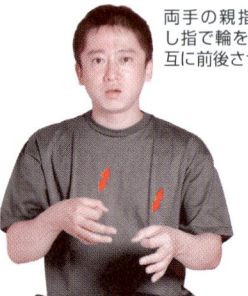

両手の親指と人差し指で輪を作り、交互に前後させる。

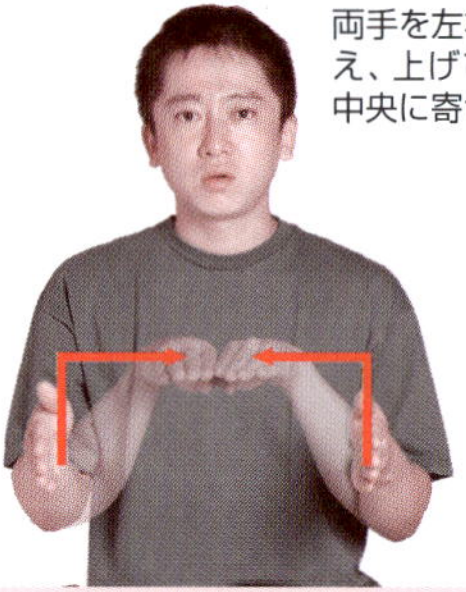

両手を左右に構え、上げてから中央に寄せる。

● **すばらしい**+デパート=**高級デパート**

🔁 1つ目の動作だけだと「売買」「商売」「販売」「店」、2つ目の動作だけだと「建物」「〜館」「ビル」の意味になる。

でも

状況が変わるイメージ

前に向けた手のひらを半回転させる。

● **今日**+**無理**+**でも**+**明日**+**構わない**=**今日はダメだけど、明日はいい**

🈁 しかし、だが、けれども、けど
🔁 手を上げながらねじるように返すと「なかなか」の意味になる。

出る

建物を出る様子

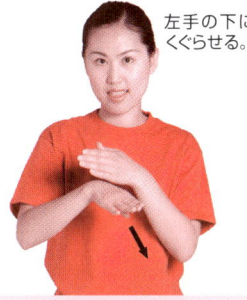

左手の下に右手をくぐらせる。

- ●家+出る=**外出**　●出る+口(建物の出入り口)=**出口**
- ●今+出る=**今から出かける**

同 出かける

テレビ

「テレビ」は、表現方法が複数ある

スクリーンを表現
両手の指を広げて手の甲を前に向け、交互に上下に動かす。

つまみを表現
両手を軽くにぎって左右で構え、チャンネルのつまみを回すように手をねじる。

- ●**大きい**+テレビ=**大きなテレビ**　●テレビ+**ゲーム**=**テレビゲーム**

同 スクリーン(左側の表現方法のみ)
参 「テレビに出る」は、親指と人差し指を立てた両手を並べ、同時に手前に引く。

電車

電車のパンタグラフの様子

人差し指と中指を立て、先を少し曲げ、前後させる。

- **最後**+電車=**終電**　●電車+**通う**=**電車通勤**　●**中**+電車=**中央線**

(同) 列車、〜線
(参) 「地下鉄」は、下向きにした左手のひらの下に垂直に立てた右手をくぐらせる。

電話／携帯電話

同じ電話機だが、「（固定）電話」と「携帯電話」では表現が異なる

電話

親指と小指を伸ばして、親指を耳に、小指を口にあてる。

- 電話+**お金**=**電話料金**

(参) 手のひらを下に向け、前方に動かすと「ファックス」の意味。

携帯電話

親指以外の指をにぎり、親指は先を曲げてメールを打つような動きをする。

- 携帯電話+**メール**=**携帯メール**

(参) 「PHS」は、指文字の「P」「H」「S」で表す。

トイレ

中指、薬指、小指は「W」、親指と人差し指は「C」を表す

親指と人差し指を軽く曲げ、他の3本の指を立てる。

- ●トイレ+**終わる**=**トイレを済ませる**　●**女性**+トイレ=**女子トイレ**

※この表現は比較的若い人がよく使う。年配の人は、両手のひらをこすり合わせる「洗う」で表すことが多い。

同意

「同じ」という表現で表す

親指と人差し指を立て、付けたり離したりする。

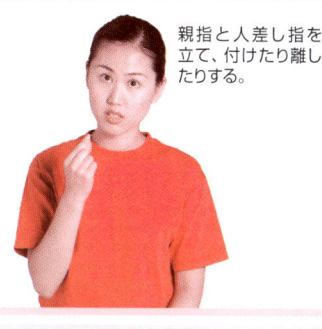

- ●**今日**+**暑い**+**想像**+同意=**今日は暑くなりそうですね**
- ●**あなた**+指文字「り」+**わかる**+同意=**理解できますよね**

同 はい、同じ、そう、～でしょう？（確認）

同級生

年齢が同じであることを表す

両手のひらを下に向け、前後にそろえて2回合わせる。

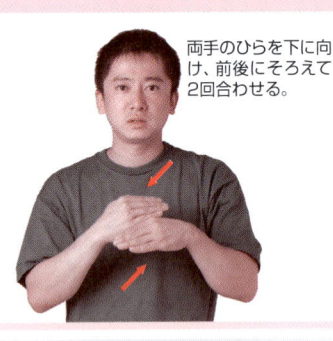

- ●同級生＋**指文字「き」**＝**同期**　●**学校**＋同級生＝**学校の同級生**

- 同 同い年、同期、同窓
- 参 「先輩」は手のひらを下向きにして上げ、「後輩」は手を下げる。

どうして

物事の本質を探っている様子

人差し指を自分に向ける。

指先を前に向けて数回振る。

- ●**あなた**＋**遅刻**＋どうして（疑問の表情で）？＝**どうして遅刻したの？**

- 同 なぜ
- 参 人差し指を立てた手を1回だけ振ると「意味」「理由」「わけ」の意味になる。

どうぞ

案内する様子

両手のひらを上向きにして並べる。

両手をななめ前に出す。

- ●**席**+どうぞ=**どうぞおかけください**
- ●**安い**+**得**+**よい**+どうぞ=**とてもお買い得です**

同 いらっしゃいませ

どうやって

疑問の表情で、「どうしてなの？」というイメージ

親指と小指を立てて鼻の前あたりに置き、ななめ下に出す。

- ●**方法**+どうやって=**どうやるのですか？**
- ●**使う**+どうやって=**どうやって使うのですか？**

親指と小指を立てて、親指を鼻の上に置き、前に出すと「得意」の意味。

ドキドキ

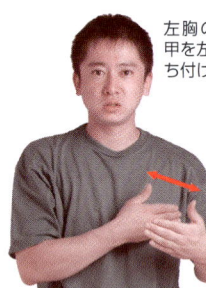

心臓がドキドキしている様子

左胸の前で右手の甲を左手のひらに打ち付ける。

- 今日+デート+ドキドキ=**今日はデートでドキドキする**
- サッカー+試合+見る+ドキドキ=**サッカーの試合を見て、ドキドキした**

同 緊張、ワクワクする

得

物を得るイメージ

人差し指を曲げた右手を左手のひらに軽くあて、引き戻すと同時に左手も手前に引く。

- 買う+得=**お買い得**
- 得+違う=**得ではない**
- 得+ない①=**得がない**

同 節約　反 「損」は両手の人差し指と親指で輪を作り、手のひらを前に向けて構え、開きながら前に出す。

読書

右手を視線、左手を本に見立て、本の文字を追う様子

左手のひらの上で右手の人差し指と中指を上下させる。

● 趣味＋読書＝趣味は読書です　● 読書＋秋＝読書の秋

同 読む
参 「本」は、本を開くように、両手のひらを合わせて、左右に開く。

ところで

今までの話は横に置いてというイメージ

両手を体と垂直に立て、そのまま横に移動させる。

● ところで＋前＋言う＋何（疑問の表情で）？＝ところでさっき何を話していたの？
● ところで＋明日＋行く（疑問の表情で）？＝ところで、明日行く？

同 片付ける

登山

「リュックサック+登る」で表す

軽くにぎった両手を肩のあたりに置き、脇の下まで下げる。

人差し指と中指を下に向け、交互に動かしながら登るように上げる。

- ●**冬**+登山=**冬山登山**　●登山+**サークル**=**登山サークル**
- 🔴 1つ目の動作だけだと「リュックサック」、2つ目の動作だけだと「登る」の意味。
- 🔴 「山+登る」で表すこともある。

図書館

「本+建物」で表す

両手のひらを合わせ、本を開くように左右に開く。

両手を左右に構え、上げてから中央に寄せる。

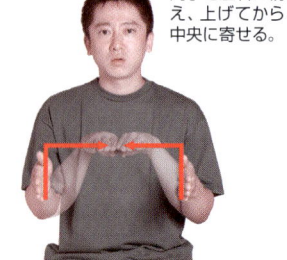

- ●図書館+**行く**+**勉強**=**図書館で勉強する**
- 🔴 1つ目の動作だけだと「本」「メニュー」「カタログ」「雑誌」「ノート」、2つ目の動作だけだと「建物」の意味。

どちら

比較を表す表現は、手の動きとともに疑問の表情をつける

両手の人差し指を立て、交互に上下させる。

- ●**コーヒー**+**紅茶**+**好き**+**どちら？**=**コーヒーと紅茶、どちらが好き？**
- ●**どちら**+**構わない**=**どちらでも構わない**

同 とにかく

とても

対象の後につけて表現する

胸の前で親指と人差し指を伸ばし、横に動かす。

- ●**甘い**+**とても**=**とても甘い**　●**わかる**+**易しい**+**とても**=**とてもわかりやすい**

同 大変、激しい、非常に
参 手を横に動かすとき、ゆっくり引くほど「とても」の度合いが強調される。

とにかく

あっちかこっちかというイメージ

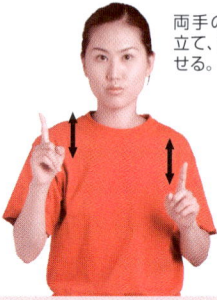

両手の人差し指を立て、交互に上下させる。

- ●とにかく+**あなた**+**言われる**+**お願い**=**とにかくわたしに話してください**
- ●とにかく+**いる**+**場所**+**わかる**+**欲しい**=**とにかく居場所を知りたい**

同 どちら（疑問の表情をする）

友達

手を取り合う仲間のイメージ

握手するように両手を2回組み合わせる。

- ●友達+**女**=**女友達**　●**遊ぶ**+友達=**遊び友達**
- ●**指文字「め」「る」**+友達=**メル友**

注 両手を強く組んで胸の前で水平に回すと「親友」「仲間」「親しい」の意味になる。

ドラマ

歌舞伎で見得（みえ）を切る様子から

両手ともこぶしを作る。

手首を軸に半回転させる。

● ドラマ＋**新しい**＝**新しいドラマ**　● テレビ＋**ドラマ**＝**テレビドラマ**

🔄 演劇、芝居、演じる
💡「わざと～する」という使い方もある。

取り消す

何かをつかんで、捨てる様子

左手のひらに軽く曲げた右手を乗せ、ななめ下に捨てる。

● **予約**＋取り消す＝**予約を取り消す**　● **取引**＋取り消す＝**契約を取り消す**

🔄 キャンセル
💡「キャンセル」は、両手の小指を伸ばして小指同士をからませ、離す表現もある。

取引

約束が交わされるイメージ

両手のひらを上に向けて、胸の前で交差させる。

両手を左右に引きながら、指を閉じる。

- 取引＋**会社**＝**取引会社**
- 取引＋**取り消す**＝**契約を取り消す**
- 取引＋**方法**＝**取引方法**

同 契約、結納

ない①

物や物事がないという意味

両手のひらを下に向け、手首を上に返す。

- **お金**＋ない①＝**お金がない**
- **予定**＋ない①＝**予定がない**
- **家**＋ない①＝**家がない**
- **言われる**＋ない①＝**言われていない**

参 さまざまなシチュエーションで使える。片手で表現することもできる。

ない②

質問されて、「いいえ」「いりません」と答えるときにも使う

垂直に立てた手を、顔の前で軽く振る。

- ●使う+ない②=**使わないで**　●捨てる+ない②=**捨てないで**
- ●自慢する+ない②=**自慢しないで**　●疑う+ない②=**疑わないで**

同 いいえ

ない③

経験や回数がゼロという意味

口元で親指と人差し指で輪を作り、指を開きながら前に出す。

- ●料理+作る+ない③=**料理を作ったことがない**　●経験+ない③=**経験がない**
- ●海外旅行+ない③=**海外旅行に行ったことがない**

参 「一切ない」という場合に使い、ない①より強い表現。

ない④

答案の0点のイメージ

左手を筒型に構え、その下で右手の人差し指と中指を横に伸ばす。

- ●勉強+ない④=**勉強していない**
- ●食事+ない④=**食事をとっていない**

❀量がゼロであることを表している。

ナイフ

「ナイフ」は、「食事用」と「その他」で表現方法が異なる

食事用

両手の人差し指と中指を伸ばし、上下に構え、指を交差させる。

- ●デザート+ナイフ=**デザートナイフ**

❀「レストラン」は、両手ともこぶしを作り、右手で切るように動かす。

その他

左手の人差し指の上に右手の人差し指を置き、右手のみ前にすべらせる。

- ●鉛筆+ナイフ=**鉛筆削り**

同 削る
❀細いものを削るイメージ

長い

両手を左右にゆっくり開くほど、「より長い」意味を表す

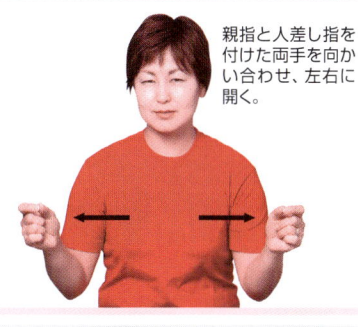

親指と人差し指を付けた両手を向かい合わせ、左右に開く。

● **電話**+長い=**長電話**　● 長い+**〜間**+**休み**=**長期休暇**

同 長さ、伸びる
反 「短い」は、親指と人差し指を付けた両手を向かい合わせ、左右から寄せる。

眺める

遠くのほうを眺めている様子

手を軽く曲げ、額にあてる。

● 眺める+**よい**+**場所**=**眺めのいい場所**　● 眺める+**場所**=**展望台**
● **海**+眺める+**可能**+**部屋**=**海側の部屋**

参 目線は遠くにして、首を左右に振って表す。

夏休み

「夏＋休み」で表す

手をにぎり、あおぐように手を上下させる。

両手のひらを下に向け、左右から寄せ、場所をずらしてもう一度寄せる。(🈞連休)

● **あなた**＋夏休み＋**いつ**（疑問の表情で）？＝夏休みはいつですか？

💡 1つ目の動作だけだと「夏」「南」「暑い」「うちわ」「あおぐ」、2つ目の動作で1回だけ手を寄せると「休み」「休暇」「休日」「休む」の意味になる。

ななめ

ななめである方向を表す

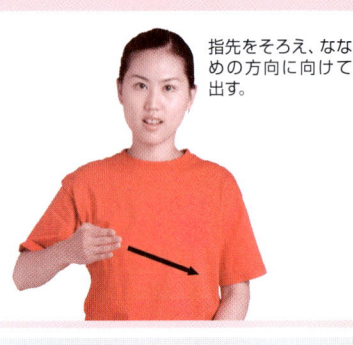

指先をそろえ、ななめの方向に向けて出す。

● ななめ＋**切る**＋**お願い**＝ななめに切ってください
● ななめ＋**右**＋**ある**＝ななめ右にある

💡 「まっすぐ」は、指先を前に向け、そのまま前にまっすぐ出す。

何

文末に置き、疑問文を作ることが多い

人差し指を立て、左右に軽く振る。

●飲む＋何（疑問の表情で）？＝**飲み物は何にしますか？**

同 どう、どうした、どこ
参 この表現だけでも「どこ」と表せるが、「場所＋何」で表すこともある。

鍋

鍋の形を表す

親指を離した両手を、胸の前で、指先を付けて構える。

両手を左右に引き上げながら、指を閉じる。

●相撲＋鍋＝**ちゃんこ鍋**　●すき焼き＋鍋＝**すき焼き鍋**

同 渡辺（姓）
参 片手のこぶしを前後に揺すり、炒めるような動作をすると「フライパン」の意味。

名前

拇印（ぼいん）を押す様子

左手のひらに右手の親指をあてる。

●名前＋**カード**＝**名刺**　●わたし＋名前＋佐藤＝**わたしは佐藤です**

參「姓」も、この表現で表す。
參西日本では、片手の親指と人差し指で輪を作り、胸にあてて表す（●委員）。

なるほど

●に記載してある動作が変化した表現方法。目が開かれた様子

伸ばした親指をあごにあて、立てた人差し指を左右に振る。

●なるほど＋**やっと**＋指文字「り」＋わかる＝**なるほど、やっと理解したよ**

同へえー、ほう
參手のひらを上から下に顔面をはらうように移動させる表現もある。

慣れる

人差し指と親指を付けて、同じように動かすと「泣く」という意味

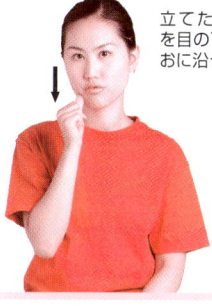

立てた親指の爪側を目の下に置き、ほおに沿って下げる。

- ●慣れる+**易しい**=**すぐに慣れる**　●**仕事**+慣れる+**わたし**=**仕事に慣れる**
- ●**使う**+慣れる+**お願い**=**使い慣れてね**

🔖 両手の指先を触れ合わせ、前後に打ち付けるように動かす「経験」でも表せる。

何時

腕時計の針が、回っているイメージ。疑問の表情をつけて表す

右手の親指と人差し指を立てて、親指を左手の手首に置く。

人差し指を前に倒す。

- ●**いる**+**可能**+**最後**+何時=**チェックアウトは何時までですか?**
- ●**学校**+**行く**+何時=**何時に学校に行くの?**

🔖 「時間+いくつ」でも表せる。

似合う

指と指を合わせることで、「合う」を表す

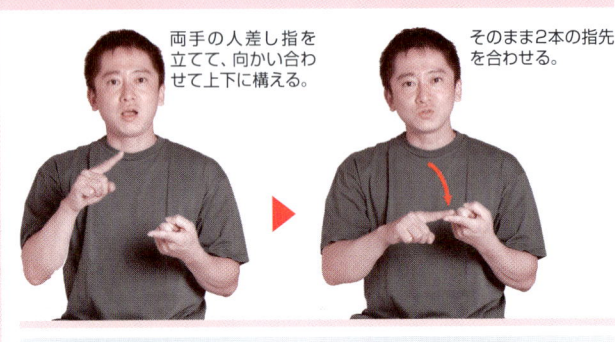

両手の人差し指を立てて、向かい合わせて上下に構える。

そのまま2本の指先を合わせる。

● あなた＋赤＋コート＋似合う＝**あなたは赤いコートが似合いますね**

同 合う、ちょうどよい、ぴったり、相性、〜的
反 「似合わない」は、「似合う」を表現したあと、あてた指を再び離す。

苦い

口の中が苦くて、いがいがする様子

軽く指を曲げた手を口元に置き、左右に振る。

● 薬＋苦い＝**苦い薬**　● お茶＋苦い＝**苦いお茶**　● 少し＋苦い＝**ほろ苦い**

同 塩
参 軽く指を曲げた手を口元で回すと、「辛い」「渋い」「カレー」の意味になる。

肉

皮をつまむことで、肉の意味を表す

右手の親指と人差し指で左手の甲の肉をつまむ。

- ●ウシ+肉=**牛肉**　●トリ+肉=**トリ肉**　●ウマ+肉=**馬肉**　●ヒツジ+肉=**ラム肉**

（同）皮
（参）食用の肉には使えるが、「体の肉付きがよい」などを表すことはできない。

逃げる

逃げる様子

ななめに構えた左手のひらの下に、軽くすぼめた右手を、自分の方に向けて置く。

▶

左手はそのままにして、右手を前に出しながら指先を付ける。

- ●**食べる**+逃げる=**食い逃げ**　●**勉強**+逃げる=**授業をサボる**
- ●逃げる+**ずるい**=**逃げるなんてずるい**

（同）サボる、脱出、逃走

西

日が沈む様子

両手の親指を横に伸ばし、人差し指を下に伸ばし、下げる。

- ●**東**+**西**=**東西** ●**西**+**海岸**=**西海岸** ●**西**+**村**=**西村** ●**西**+**田**=**西田**
- 参 同じ形の両手を2回下げると「京都」の意味になる。
- 反 「東」は、両手の親指を横に伸ばし、人差し指を上に伸ばし、上げる。

入学式

「入る+式」で表す

両手の人差し指で、自分から見て「入る」の形を作り、前に倒す。

両手のひらを前に向けて並べ、すべての指を前に折る。

- ●**入学式**+**座る**=**入学式に出席する** ●**入る**+**試験**=**入学試験**
- ●**家**+**入る**+**断る**=**家に入るのはお断り**
- 参 1つ目の動作だけだと「入る」「入れる」、2つ目の動作だけだと「式」の意味になる。

ニュース

指文字の「に」を表し、ニュースを発信する様子

両手の人差し指と中指を横に伸ばし向かい合わせる。

手首を軸に前へ2回はらう。

- ●手話+ニュース=**手話ニュース**　●経済+ニュース=**経済ニュース**
- ●あなた+朝+ニュース+見た(疑問の表情で)？=**朝のニュースを見ましたか？**

🔄「新聞」は、にぎった左手の甲の上に右ひじを置き、右手をにぎり手首を2回ねじる。

にらむ

視線が険しい様子

親指、人差し指、中指を曲げて相手に向ける。

- ●にらむ+顔=**にらんだ顔**　●わたし+彼+にらむ=**わたしは彼をにらんでいる**
- ●にらむ+ない②=**にらまないで**

🔄両手の人差し指と中指の指先を向かい合わせて交互に回すと「にらみ合う」。

庭

家の中の敷地を表す

左手の下で、右手のひらを下に向けて、水平に回す。

● 庭+きれい=**きれいな庭**　● 庭+遊ぶ=**庭で遊ぶ**　● 家+庭=**家庭**

同 テラス、庭先
参 軽く曲げた左手の上で右手を水平に回すと、「大陸」の意味になる。

妊娠

大きなお腹を表す

両手のひらを下に向けて指先を合わせて、胸の下あたりで構える。

お腹の前で弧を描くように、両手を返しながら下げる。

● 妊娠+検査+薬=**妊娠検査薬**　● 妊娠+防ぐ=**避妊**

参 片手だけで表現してもよい。
参 「出産」は、両手をすぼめておなかにあてて、開きながら前に出す。

脱ぐ　　　　　　　　　　衣類を脱ぐ様子

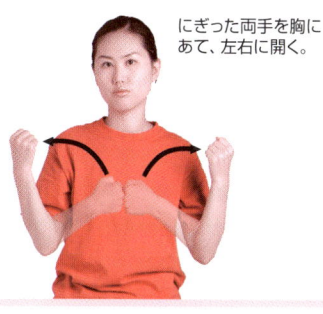

にぎった両手を胸に
あて、左右に開く。

●脱ぐ＋**場所**=**脱衣所**　●脱ぐ＋**部屋**=**脱衣室**

関 パンツを脱ぐ、靴を脱ぐなどは、それぞれの動作で表す。
反 「着る」は、にぎった両手を肩の上から胸の前あたりに下ろす。

盗む　　　　　　　　　　指先で物を盗むイメージ

人差し指を曲げて
手前に引く。

●**腕時計**＋盗む=**腕時計を盗む**　●**お金**＋盗む=**お金を盗む**

関 万引
反 「盗まれる」は、手の甲を前に向け、人差し指を曲げてななめ前に出す。

ねえ

手招きして、呼びかける様子

手招きして、相手に呼びかける。

● ねえ＋レストラン＋行く＝**ねえ、レストランに行こうよ**

参 ろう者に呼びかけるとき、「始めるよ」という意思表示をするためによく使う。もし、手招きでも気付かないときは、肩を叩いて気付いてもらう。

熱

額に手をあて、熱があるかどうかみる様子

手を額にあてる。

● 熱＋40＝**熱が40度ある**　● 熱＋調べる＝**熱をはかる**

同 熱がある、熱が上がる
参 右手の親指と人差し指を付けて左脇に置き、人差し指をはね上げる表現もある。

寝坊

枕を外す様子

こぶしをこめかみにあてる。

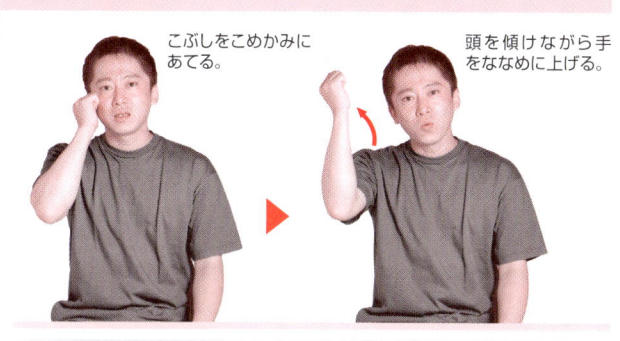

頭を傾けながら手をななめに上げる。

- ●寝坊+**気をつける**+**お願い**=寝坊しないように気をつけて
- ●寝坊+**中止**=寝坊は止めて ●寝坊+**遅刻**=寝坊して遅刻する

※こぶしをこめかみにあてて、手を下げると「朝」「おはよう」の意味になる。

眠い

目を閉じる様子

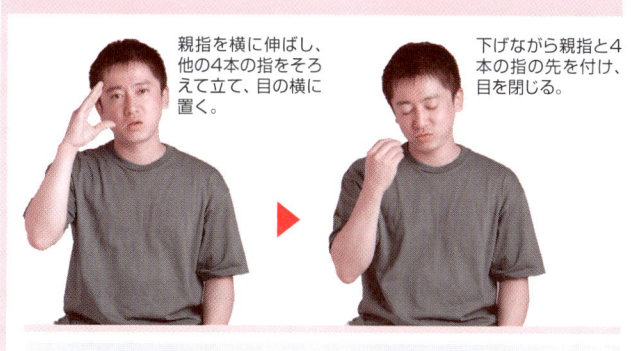

親指を横に伸ばし、他の4本の指をそろえて立て、目の横に置く。

下げながら親指と4本の指の先を付け、目を閉じる。

- ●眠い+**時間**=睡眠時間 ●眠い+**防ぐ**=眠気防止

同 睡眠、眠る
反「眠れない」は、目の横で合わせた指を離したり付けたりする。

年齢

歯の数を数えるイメージ

手をあごの下に置き、親指から順に閉じる。

- 年齢＋**いくつ（疑問の表情で）？**＝**何歳ですか？**
- 年齢＋**20**＝**20歳**

同 ～歳、年（とし）
参 両手を上下に構え、両手の指を同時に親指から順に折り曲げると「いつ」の意味。

農業

鍬（くわ）を振り下ろし、耕している様子

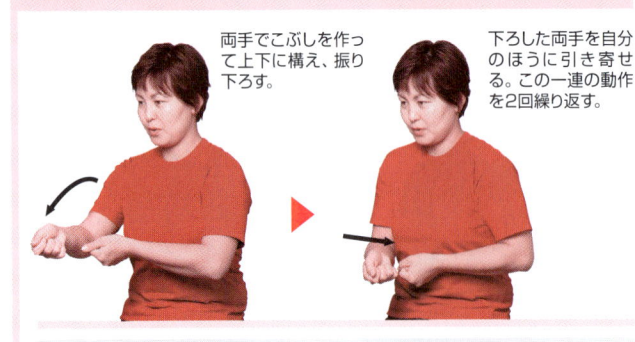

両手でこぶしを作って上下に構え、振り下ろす。

下ろした両手を自分のほうに引き寄せる。この一連の動作を2回繰り返す。

- 農業＋**家**＝**農家**
- 農業＋**勉強**＝**農学**
- 農業＋**好き**＝**畑仕事が好き**
- 農業＋**林**＝**農林**
- 農業＋**大学**＝**農業大学**
- 農業＋**疲れる**＝**畑仕事は疲れる**

同 耕す、畑、畑仕事

残る

かまの中にある残り飯をすくっている様子

左手の上に右手を乗せ、右手を手前に引く。

- **時間**+残る=**残り時間**　●**食事**+残る(疑問の表情で)?=**ごはん残ってる?**
- 残る+**ない**①=**残らない**　●残る+**お金**=**残金**

同 余る、余り、お釣り、残り

飲む

コップを持って飲む様子

手をコップをにぎるようにし、口元に近付け、飲むしぐさをする。

- 飲む+**会**=**飲み会**　●飲む+**何**(疑問の表情で)?=**何を飲みますか?**

同 飲み物　参 「お酒を飲む」はおちょこを持って飲む動作、「汁物を飲む」はお椀を持って飲む動作など、飲む物によって動作を変える。

乗る

右手を人、左手を乗り物に見立て、人が乗っている様子

下に向けて伸ばした右手の人差し指と中指を、左手のひらの上に乗せる。

●乗る+**場所**=**乗り場**　●乗る+**降りる**=**乗り降り**

参 「イス」「座る」と同じ表現で表すこともできる。
反 「降りる」は、左手のひらに右手の人差し指と中指をそろえて乗せ、下に下ろす。

歯

体の部分を表現するときは、各部位に触れて示す

口を開けて歯を見せながら、人差し指で、自分の歯を指す。

●歯+**医者**=**歯医者**　●歯+**痛い**=**歯痛**
●**白**+歯=**白い歯**　●**虫**+歯=**虫歯**

参 「口」は、人差し指で口の周りをぐるりと回す。

場合

左手は、時計の文字盤を表す

左手のひらに右手の親指をあて、伸ばした人差し指を前に倒す。

● **雨**+場合+**延期**=**雨天順延**　● **それ**(対象物を指さし)+場合=**その場合**

📖 (〜の)とき
📝 「時間」は、右手の人差し指で左手首に触れる(腕時計を表すイメージ)。

パーセント

「％」の斜線を表す

手のひらを上に向け、ななめ下に移動させる。

● **100**+パーセント=**100パーセント**

📝 「割る(÷)」は、左手の人差し指を横に伸ばし、右手の曲げた親指と人差し指ではさむようにする。「÷」の記号の形を手で表す。

パーティー

グラスやおちょこが回っている様子

親指と人差し指を丸く曲げた両手を上下に置き、交互に水平に回す。

●結婚+パーティー=**結婚パーティー**　●卒業+パーティー=**卒業パーティー**

圓 宴会
参 グラスを合わせて乾杯する様子を表す「乾杯」でも表現できる。

パーマ

パーマがかかっている様子

指先を軽く曲げて広げた両手を頭の横に置き、波立たせながら上げる。

●パーマ+あなた(疑問の表情で)？=**パーマかけた？**

参 「ソバージュ」はさらに細かく波立たせ、「ストレートパーマ」は両手の指をそろえ、頭の横でまっすぐ下ろす。

バイク

ハンドルをにぎって、アクセルをふかす様子

両手のこぶしを並べ、右手だけ手首を軸に2回上げる。

- ●白+バイク=**白バイ**　●バイク+**グループ**=**バイク仲間**
- ●バイク+**かっこいい**=**かっこいいバイク**

❈両手のこぶしを交互に前に回すと「自転車」の意味になる。

ばかり

物がパチンとはじける様子

両手の親指と人差し指で輪を作り、左右からぶつけ、すぐにその輪を離しながら、左右に開く。

- ●**始まる**+ばかり=**始まったばかり**
- ●**手話**+**教わる**+ばかり=**手話を始めたばかりです**

❈前にたらした両手を左右に振る表現方法もある。

はさみ

はさみで切る様子

人差し指と中指を伸ばし、2～3回閉じたり開いたりする。

- **グー**(手をにぎる)＋はさみ（1回開くだけ）＝**じゃんけん**

※そのまま手を前に出すと「切る」、顔の横で髪の毛を切るしぐさをすると「ヘアカット」の意味になる。

橋

橋の形を表す

両手の人差し指と中指の先を前に向ける。

▶

そのまま弧を描くように手前に引く。

- **めがね**＋橋＝**めがね橋**　●橋＋**本**＝**橋本**
- **指文字「せ」「と」**＋橋＝**瀬戸大橋**

※橋によって、描く形を変える。たとえば、「レインボーブリッジ」なら下に弧を描く。

始まる

開けていくイメージ

両手のひらを前に向けてを交差させ、左右に開く。

● 始まる+**時間**=**始まる時間**　● 始まる+**構わない？**=**始めていい？**

(同) 明るい、晴れ、オープン、開始、開く
(参)「用意スタート！」という感じで、両手をパンと合わせる表現もある。

初めて

店を開店する前に盛り塩をすることから

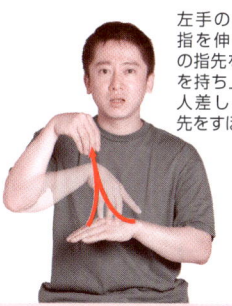

左手の甲に人差し指を伸ばした右手の指先を乗せ、右手を持ち上げながら、人差し指以外の指先をすぼめる。

● 初めて+**会う**=**はじめまして**　● 初めて+**経験**=**初体験**
● **赤ちゃん**+初めて+**笑う**=**赤ちゃんが初めて笑った**

(同) 最初

場所

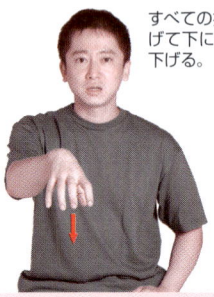

スペースを表す

すべての指を軽く曲げて下に向け、少し下げる。

●遊ぶ+場所=遊園地 ●警察+場所=警察署 ●場所+お金=場所代

同 ～所、～場
参 両手を同じ形にして、グッと前に出すと「動物」の意味になる。

バス

バスのバンパーを表す

両手の親指と人差し指を伸ばし向かい合わせ、前に出す。

●観光+バス=観光バス ●指文字「と」+営業+バス=都営バス

参 両手の人差し指を立てて曲げ、向かい合わせ、前に出す表現もある。
参 「自動車」は、車のハンドルをにぎるように両手を左右に構える。

恥ずかしい

恥ずかしくて、顔を隠すようなイメージ

手のひらを鼻を囲うように置き、前に出しながら、2回指をすぼめる。

● 恥ずかしい+**ない**①=**恥ずかしくない**

😊 「恥」は、両手の人差し指で「×」を作り、顔の前で1周回す。「赤+恥」で、顔全体が赤くなる様子を表すこともある。

バスケットボール

ドリブルとシュートをする様子

片手のひらを下に向け、ドリブルするように上下させる。

両手でシュートするポーズをとる。

● バスケットボール+**試合**=**バスケットボールの試合**
● **趣味**+バスケットボール=**バスケットボールが趣味**

😊 テニスやゴルフ、釣りなどスポーツはそれぞれの動作で表現する。

パスタ

スパゲティを表すときに使う。マカロニやペンネは表現方法が異なる

人差し指、中指、薬指を横に伸ばし、手首をひねる。

●白+ソース+パスタ=**ホワイトソースのスパゲティ**

（同）スパゲティ
（参）同じように3本の指を口元に持ってくると「フォーク」の意味になる。

バス停

「バス」の動作と、バスの停留所の看板の形で表す

両手の親指と人差し指を伸ばし向かい合わせ、前に出す。

左手の親指と人差し指で輪を作り、そこに立てた右手の人差し指を突き立てる。

●バス停+待つ+会う=**バス停で待ち合わせ**
●バス停+バス+止める=**バス停にバスが到着する**

（参）1つ目の動作だけだと「バス」の意味になる。

外れる

「あてが外れる」という意味を表している

左手で筒を作り、右手は人差し指を伸ばして下向きにして、左右で構える。

筒をかすめながら、右手の人差し指を左に動かす。

- ●想像＋外れる＝**予想外**　●答える＋外れる＝**不正解**
- ●試験＋想像＋外れる＝**試験の予想が外れた**

反 「当たる」は、左手の筒に右手の人差し指をポンとあてる。

パソコン

右手はキーボードを打つ様子、左手は指文字の「ぱ」を表す

前に向けて伸ばした左手の人差し指と中指を上げ、キーボードを打つように右手を動かす。

- ●パソコン＋難しい＝**パソコンは難しい**

参 左手を指文字の「わ」にすると、「ワープロ」の意味になる。また、「ノートパソコン」は、ノートパソコンを開く動作で表す。

パチンコ

パチンコのハンドルを手でにぎって回す様子

手のひらを前に向け、指を軽く曲げ、2～3回手首を軸にして回す。

- ●パチンコ+試合=**パチンコ勝負**
- ●趣味+パチンコ=**パチンコが趣味**

🔵 親指を立てて、横にずらしながら3回押すと「パチスロ」の意味になる。

派手

強く勢いよく手を開くほど「とても派手」の意味になる

軽くにぎった両手を同時に開く。

- ●服+派手=**派手な服**　●化粧+派手=**派手な化粧**

🔵（色や化粧が）濃い、目立つ
🔴「地味」は、両手のひらを顔の前で交差させる「暗い」で表現する。

パトカー

「警察＋救急車」で表す

親指と人差し指を軽く曲げてコの形を作り、額にあてる。

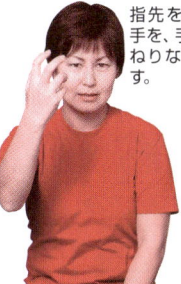

指先を軽く曲げた手を、手首を軸にひねりながら前に出す。

- ●パトカー＋乗る＝パトカーに乗る
- ●パトカー＋バイク＋追う＝パトカーがバイクを追いかけた

😊 1つ目の動作だけだと「警察」、2つ目の動作だけだと「救急車」の意味になる。

鼻

顔の部位は、人差し指でそれぞれを指して示す

人差し指で、自分の鼻を指す。

- ●鼻＋赤い＝鼻が赤い ●耳＋鼻＋指文字「か」＝耳鼻科

😊 人差し指を横の伸ばして鼻にあて、下げると「タイ（国）」の意味になる。
😊 親指と人差し指で鼻をつまむと「臭い」の意味になる。

花見

「花＋見る」で表す。視線を上に向ける

両手の指を軽く曲げて、向かい合わせて手首を付け、手首を軸にして互い違いに回す。

親指と人差し指で輪を作り、目の前に置き、少し前に出す。

- 花見＋行く＝**花見に行く** ● 花見＋**客**＝**花見客**

参 1つ目の動作だけだと「花」「咲く」、2つ目の動作だけだと「見る」の意味。
参 2つ目の動作は「探す」という表現方法で表してもよい。

母

人差し指をほおにあてるのは「肉親」であることを意味する

人差し指をほおにあてる。

立てた小指を目よりも高い位置に上げる。

- 母＋**兄**＝**伯父** ● 母＋**妹**＝**叔母** ● 母＋**日**＝**母の日**

参 1つ目の動作だけだと「肉親」、2つ目の動作だけだと「女」の意味になる。
反 「父」は、小指の代わりに親指を目よりも高い位置に上げる。

流行る

広く行き渡る様子

両手のこぶしを合わせる。

左右に開きながら手を開く。

- ●流行る+**服**=**流行のファッション** ●流行る+**中**=**流行中**
- ●**お茶**+流行る=**お茶ブーム** ●流行る+**郵便**=**流行通信**

同 広まる、流行、ブーム

バラエティー

バラエティー番組を見て、楽しいことから

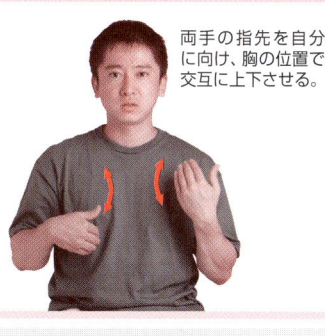

両手の指先を自分に向け、胸の位置で交互に上下させる。

- ●**テレビ**+バラエティー+**好き**=**テレビはバラエティー番組が好き**

同 楽しい、楽しみ、うれしい、喜び、喜ぶ
参 「クイズ」は、人差し指で「？」を空書する。

バレーボール

トスのポーズで表す

両手を額の位置で上下させる。

- ●母+バレーボール=**ママさんバレー**

同トス　参「バスケットボール」は、手を下に向けてドリブルするように上下させたあと、シュートのポーズをする。

バレンタイン

気持ちを表すというイメージ

親指と4本の指を合わせて、両手でハートの形を作る。

そのまま前に出す。

- ●バレンタイン+期待=**バレンタインが楽しみ**
- ●バレンタイン+茶色=**バレンタインチョコレート**

参ハートを割るように両手を離すと「失恋」の意味になる。

パン

パンの生地がふくらむ様子

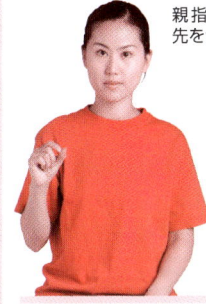

親指と人差し指の先を合わせる。

指先を前方にはじく。

- **フランス＋パン＝フランスパン**　●**甘い＋パン＝甘いパン**
- **乾燥＋パン＝乾パン**　●**パン＋好き＋ある(疑問の表情で)？＝パンの好みはある？**

参「ご飯」は、人差し指と中指をはしに見立て、口元に近付ける。

ハンバーガー

ハンバーガーを持って、ほおばる様子

手をすぼめ、そのまま口元に近付ける。

- **簡単＋ハンバーガー＝ファーストフード**
- **指文字「ち」「長音」「ず」＋ハンバーガー＝チーズバーガー**

参「サンドイッチ」は、左手の親指と他の指の間に、右手のひらを下向きにしてはさむ。

ビール

ビール瓶の栓を抜く様子

軽くにぎって筒型にした左手の上に右手の人差し指と中指の先をあてる。

▶

右手を持ち上げる。

- ●元気(生きる)+ビール=**生ビール**
- ●黒+ビール=**黒ビール**

😀「生ビール」は、ジョッキでビールを飲む動作でも表現できる。

東

日が昇る様子

両手の親指を横に伸ばし、人差し指を立て、上げる。

- ●東+北=**東北** ●東+海=**東海** ●東+山=**東山** ●東+海岸=**東海岸**

😀同じ形の両手を2回上げると「東京」の意味になる。
🔄「西」は、両手の親指を横に伸ばし、人差し指を下に伸ばして下げる。

低い

手を下げれば下げるほど、より低いことを表す

手のひらを下に向けて、肩のあたりから下げる。

- ●低い+**男**=**背の低い男** ●低い+**木**=**低木** ●低い+**建物**=**低いビル**

(同) 小さい
(反)「(背が)高い」は、親指以外の指をそろえて直角に曲げ、顔の横で上げる。

飛行機

飛行機が飛行する様子

親指と小指を立て、横に動かす。

- ●飛行機+**場所**=**空港** ●飛行機+**世話**+**女**=**客室乗務員**

(同)(飛行機で)行く
(参)人差し指を立て、空中で何回か回転させると「ヘリコプター」の意味になる。

ピザ

ピザを1切れ持って、口に入れる様子

親指と人差し指をやや広めに開き、口元に近付ける。

- ●**トリ**+ピザ=**チキンピザ** ●ピザ+**本当**+**場所**=**本場のピザ**

参 親指と人差し指の間隔を狭めると、「菓子」「クッキー」「せんべい」の意味。
参 「ハンバーガー」は、手をすぼめ、そのまま口元に近付ける。

美術

キャンバスに絵の具を塗る様子

左手のひらに右手の甲をあて、そのまま右手を右上に持ち上げる。絵を描くような動きで表す。

- ●美術+**大学**=**美術大学**
- ●**日本**(国)+**立つ**+美術+**建物**=**国立美術館**

同 絵、絵画、絵を描く

非常口

漢字の「非」の形と「口」という手話で表す

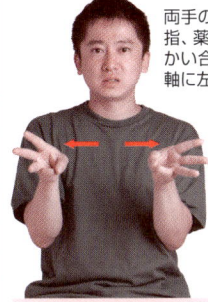

両手の人差し指、中指、薬指を伸ばし向かい合わせ、手首を軸に左右に開く。

人差し指を立て、口元で1周回す。

- ●非常口+**連れて行く**=**非常口までお連れします**
- ●非常口+**場所**+**調べる**+**お願い**=**非常口の確認をしてください**

㊙ 非常口のマークにある走る姿と「口」という手話で、表現することもある。

左

左手・左腕を動かすことで、左側であることを示す

左手をにぎり、左にひじを突き出す。

- ●**母**+左=**母は左きき** ●左+**グループ**=**左翼**(さよく)

㊐ 左側、左きき
㊙ 「右」は、右手をにぎり、右にひじを突き出す。

必要

「かかる」と同義語で、時間や料金など広い意味で使う

指先を自分のほうに向け、両脇にあてて軽く2回叩く。

●コンビニ+行く+必要=コンビニに行かなければならない

🔲 用事、かかる、〜しなければならない
🔺「必要ではない」は、指先を両脇にあてたあと、手首をひねって前に出す。

人

基本的に、「人数」を表すときの表現。ここで紹介するのは「2人」という表現

「2人」
手の甲を前に向けて立てた左手の人差し指と中指の下で、右手で「人」を空書する。

●2人+兄弟=2人兄弟 ●人(空書)+よい=人がいい

🔶「日本人」や「アメリカ人」など「〜人(じん)」という表現は、両手の人差し指で、自分から見て「人」の形を作り、それぞれの指をななめ下に引く。

暇

手が空いている様子を表す

両手のひらを自分のほうに向け、胸の前で構える。

手首を返して、手のひらを上に向ける。

●**明日**+ひま（疑問の表情で）？=**明日はひま？**

園 のんびり、ゆったり
反 「忙しい」は、すべての指を軽く曲げた両手を下に向け、交互に水平に回す。

病院

「脈（医療）+建物」で表す

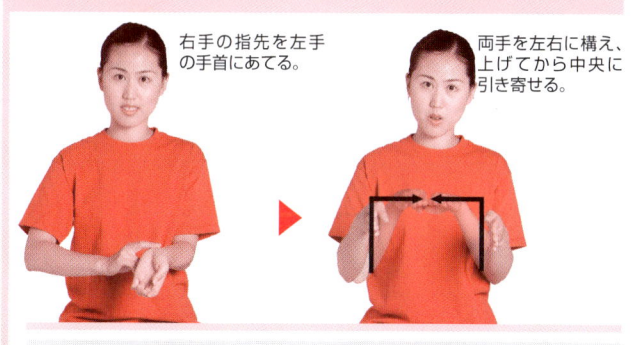

右手の指先を左手の手首にあてる。

両手を左右に構え、上げてから中央に引き寄せる。

●**大学**+病院=**大学病院**　●**まとめる**+病院=**総合病院**
●**病院**+**行く**+**よい**+**あなた**=**病院に行ったほうがいい**

参 1つ目の動作だけだと「脈」「医療」、2つ目の動作だけだと「建物」という意味。

病気

氷のうを額にあてている様子

こぶしを額に2回あてる。

●病気＋〜のため＋休み＝**病欠**　●気分＋病気＝**心の病**

参 1回だけ額にこぶしをあてると「〜症」「〜病」の意味になる。また、すべての指を軽く曲げ、指文字「え」の形を作り、甲を額にあてると「エイズ」の意味。

広い

こぶしの代わりに、手のひらで表現することもある

こぶしをつくった両手を左右に構え、同時に左右に引く。

●部屋＋広い＝**部屋が広い**　●広い＋指文字「お」＝**広尾**
●指文字「ろ」「び」「長音」＋広い＝**広いロビー**

反 「狭い」は、開いた両手を体と垂直に構え、中央に寄せる。

ピンク

桃の形を表す

軽く曲げた両手を向かい合わせ、2回合わせる。

- ●派手+ピンク=濃いピンク ●(色が)薄い+ピンク=薄ピンク
- ●ピンク+服=ピンクの服 ●ピンク+花=ピンクの花

「桃」は、両手を同じ形にして、両手を少し左右に動かす。

ファックス

ファックスで書類を送る様子

手の甲を上に向け、指先を前に向けてそのまま前に出す。

- ●ファックス+数学(番号)=ファックス番号
- ●ファックス+紙=ファックス用紙 ●ファックス+お願い=ファックスしてください

ファックスを送る

夫婦

親指は「男」、小指は「女」を表す

親指と小指を立て、甲を前に向けて軽く振る。

●夫婦＋親しい＝**夫婦円満** ●似合う＋夫婦＝**お似合いの夫婦**

圓 カップル
❀ 手を振らずに、手のひらを前に向けて2回出すと「デート」の意味になる。

プール

指を人の足に見立て、バタ足で泳ぐ様子

人差し指と中指を横に伸ばし、交互に上下させながら横に動かす。

●プール＋好き？＝**水泳は好き？** ●プール＋行く＝**プールに泳ぎに行く**

圓 泳ぐ、水泳
❀ 人差し指と中指を交互に動かしながらななめに下げると「ダイビング」の意味。

増える

徐々に増える様子

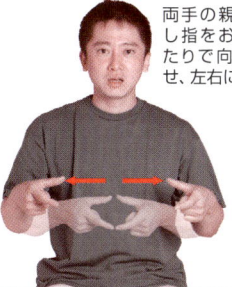

両手の親指と人差し指をおなかのあたりで向かい合わせ、左右に引く。

- **人**(空書)+**数学**(数)+増える=**人数が増える**
- **宿題**+増える=**宿題が増える** ●**おもちゃ**+増える=**おもちゃが増える**

反 「減る」は、両手の親指と人差し指を向かい合わせ、左右から中央に寄せる。

フォーク

手をフォークに見立て、フォークで食べ物をすくう様子

人差し指と中指、薬指を下に伸ばし、すくうようにする。

- フォーク+**新しい**+**お願い**=**新しいフォークをお願いします**
- **デザート**+フォーク=**デザートフォーク**

参 人差し指、中指、薬指を横に伸ばし、手首をひねると「パスタ」の意味。

深い

どんどん深くなっていく様子

手のひらを下に向けた左手を体と平行に置き、手前から右手の人差し指を下げる。

- ●海+深い=**深海** ●深い+魚=**深海魚** ●眠い+深い=**深い眠り**
- ●深い+考える+お願い=**よく考えてください**

反「浅い」は、両手を軽く曲げ、上下に向かい合わせて構え、下の手を持ち上げる。

服

直接、服をつまみ上げて示す

両手で服をつまむ。

- ●流行る+服=**流行の服** ●古い+服=**古着** ●黒+服=**喪服**
- ●それ+服+買う+場所+何?=**その服はどこで買ったの?**

参 スカートやパンツなど具体的な服は、それぞれの形を表して示す。

福祉

ひげを蓄えられるほど長生きができて幸せというイメージ

手を開いてあごにあて、指を閉じながら下げる。

● 福祉＋**建物**＝**福祉施設**　● 福祉＋**大学**＝**福祉大学**

同 幸せ、福
参 「幸せ」のあと、指文字の「し」をつけて表現することもある。

ブタ肉

「ブタ+肉」で表す

人差し指と中指を軽く曲げ鼻のあたりに置く。

右手の親指と人差し指で左手の甲の肉をつまむ。

● 黒＋ブタ肉＝**黒ブタ肉**　● ブタ肉＋**料理**＝**ブタ肉料理**
● ブタ＋**指文字「か」「つ」**＝**トンカツ**

参 1つ目の動作だけだと「ブタ」、2つ目の動作だけだと「肉」「皮」の意味になる。

太る

両手を広げれば広げるほど、太いことを表す

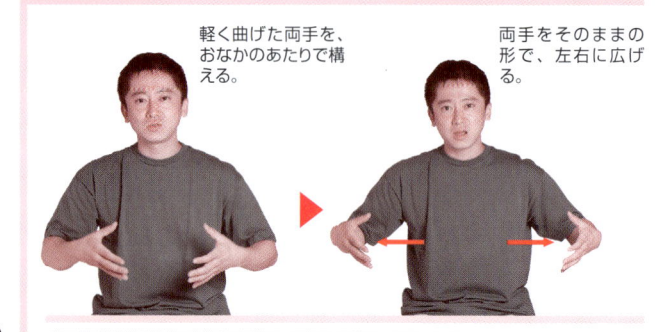

軽く曲げた両手を、おなかのあたりで構える。

両手をそのままの形で、左右に広げる。

●足(足を指す)＋太る＝**足がむくむ**　●太る＋おじさん＝**太っているおじさん**

同 太い
参 「足が太い」は両手を足の両横に、「体が太い」はおなかの両横に置き、左右に広げる。

不満

不満そうな表情をしながら表す

手のひらを体にあてる。

体から手のひらを離して前に出す。

●不満＋言う＝**不満を言う、クレームを言う**　●仕事＋不満＝**仕事の不満**

同 不服、不平
反 「満足」は、手のひらを胸の前に置き、2～3回上下に動かす。

踏切

遮断機が上がったり下がったりする様子

両手の人差し指の先を合わせ、上に立てたり、戻して合わせたりする。

● 踏切+**待つ**=**踏切で待つ**　● 踏切+**歩く**=**踏切を渡る**

参「線路」は、両手の人差し指と中指をそろえて指先を向き合わせて前後に置き、両手を前後に引き離す。

振る

嫌ってはねつけるイメージ。「追い出す」という意味の表現

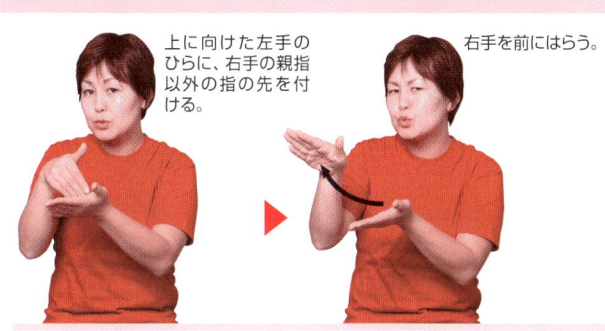

上に向けた左手のひらに、右手の親指以外の指の先を付ける。

右手を前にはらう。

● 彼女+**振る**=**彼女を振る**　● みんな+**振る**=**みんな出て行って**

同 退場、出て行け
反「振られる」は、同じ手の形から右手を自分のほうに向けてはらう。

古い

手をゆっくり左へ下ろすと「とても古い」の意味になる

曲げた人差し指を鼻の前に置き、横に傾ける。

- ●古い+**服**=**古着** ●古い+**本**=**古本** ●古い+**イス**=**古いイス**

園 アンティーク
反 「新しい」は自分のほうに向けて軽くにぎった両手を勢いよく開きながら下げる。

風呂

「風呂」は、男性的な表現と女性的な表現がある

男性的
両手でこぶしを作り、タオルで背中をこするような動きをする。

女性的
こぶしを胸あたりにあてて、上下にこする。

- ●風呂+**場所**=**風呂場、浴室** ●風呂+**好き**=**風呂好き**
- ●**木**+風呂=**ひのき風呂** ●**男**+風呂+**右**=**男湯は右です**

参 こぶしを作り、ほおにあてて、上下にこする表現もある。

文学

「文+勉強」で表す

指先をそろえ、親指を組み合わせる。

やや曲げた両手のひらを上に向けて並べ、同時に上下させる。

●**アメリカ**+文学=**アメリカ文学**　●**日本**+文学=**日本文学**

参 1つ目の動作だけだと「文」、2つ目の動作だけだと「勉強」「学校」の意味。
参 「文」の手の形で上下に動かすと、「文章」の意味になる。

文化祭

「文化+祝う」で表す

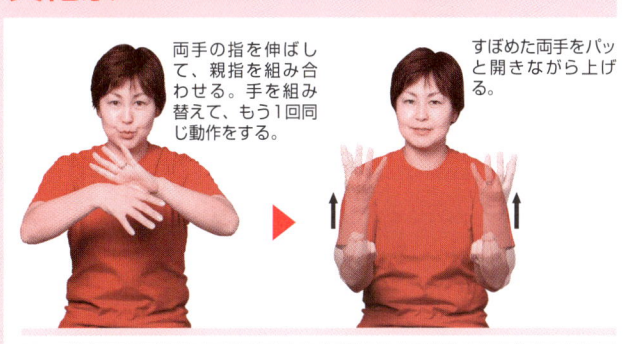

両手の指を伸ばして、親指を組み合わせる。手を組み替えて、もう1回同じ動作をする。

すぼめた両手をパッと開きながら上げる。

●**市**+文化祭=**市の文化祭**　●文化+**建物**=**文化センター**

参 1つ目の動作だけだと「文化」、2つ目の動作だけだと「祝う」「おめでとう」という意味になる。

ヘアカット

はさみで髪の毛を切る様子

顔の横で両手の人差し指と中指を立てる。

上下に動かしながら2本の指を開いたり閉じたりする。

- ●**パーマ**+**ヘアカット**+**どちら**=**パーマとカットどちらにしますか？**
- ●**ヘアカット**+**だけ**+**お願い**=**カットだけお願いします**

参「切る」という表現は、のこぎりや包丁など切る道具によって動作を変える。

へえー

手をゆっくりと移動させると、さらに驚きのニュアンスを表せる

手を上から下に顔面をはらうように移動させる。

- ●**へえー**+**本当（疑問の表情で）？**=**へえー、本当？**

同 なるほど、ほう
参 親指をあごにあて、伸ばした人差し指を上下に動かす表現もある。

ベッド

ベッドで寝る様子

手のひらを上向きにした右手の人差し指と中指を、下に構えた左手のひらに2回あてる。

- ●指文字「W」+ベッド=**ダブルベッド**　●やわらかい+ベッド=**やわらかなベッド**

参「入院」は、右手の人差し指と中指を伸ばして左手に乗せ、前に出す。
参「退院」は、右手の人差し指と中指を伸ばして左手に乗せ、手前に引く。

部屋

部屋の仕切りを表す

指先をそろえ、手の甲を前に向けた両手を前後で構え、次に指先を前に向け、体と垂直に置く。

- ●**すばらしい**+部屋=**高級な部屋**　●**教える**+部屋=**教室**
- ●**勉強**+部屋=**勉強部屋**　●**待つ**+部屋=**待合室**

同 室、範囲

変

「かえる」の表現方法が転化した

左手のひらに、手のひらを前に向けた右手の親指をあてる。

左手から親指を離しながら、手首を軸にして右手を前に倒す。

- ●**顔**＋変＝**顔色が悪い** ●変＋**おじさん**＝**変なおじさん**
- ●変＋**服**＝**変な服**

少しオーバーに表現すると「変てこ」の意味になる。

勉強

本を開いて学ぶ様子

やや曲げた両手のひらを上に向けて並べ、同時に上下させる。

- ●**試験**＋勉強＝**試験勉強** ●勉強＋**時間**＝**勉強時間**
- ●勉強＋**部屋**＝**勉強部屋** ●**福祉**＋勉強＝**福祉の勉強**

学校、授業、学ぶ

帽子

帽子のつばを持って、かぶっている様子

親指と他の4本の指を付け、額のあたりで少し下げる。

- ●野球+帽子=野球帽　●帽子+サイズ+何?=帽子の大きさはいくつ?
- ●かわいい+帽子=かわいい帽子　●編む+帽子=手編みの帽子

参 帽子の形によって、両手で表すこともある。

方法

「手立て」という言葉があることから、手をあてることで表す

左手の甲を右手で2回叩く。

- ●いつも+方法=常套(じょうとう)手段　●乗る+方法=乗り方
- ●方法+何(疑問の表情で)?=どうしたら?

同 手段、仕方、〜法、手立て

ボーナス

祝儀袋の水引の形を表す

立てた両手の人差し指と中指でリボンの形を描く。

- ●ボーナス＋**もらう**＝**ボーナスをもらう**
- ●ボーナス＋**期待**＝**ボーナスを期待している**

同 結ぶ、のし袋

ホール

ホールに人が集まって、座っている様子

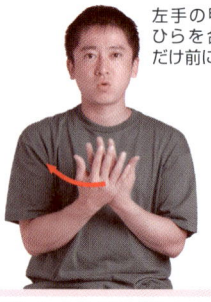

左手の甲と右手のひらを合わせ右手だけ前に出す。

- ●**演劇**＋ホール＝**演劇ホール** ●ホール＋**出口**＋**待つ**＝**ホールの出口で待つ**
- ●ホール＋**広い**＝**広いホール**

参 「劇場」は、「ドラマ（演劇）＋場所」で表す。

ほか

「ここまで」と「それ以外」を表す

右手を前に両手の甲を合わせる。

右手を前に出す。

- ●ほか＋**場所**＝**ほかの場所**　●ほか＋**誰**＋**いる（疑問の表情で）？**＝**ほかに誰かいる？**
- ●ほか＋**来る**＋**誰（疑問の表情で）？**＝**ほかに誰か来る？**

🔄 別、その他

欲しい

すべての指を開いて同様の動きをすると「幸せ」の意味になる

親指と人差し指を開いてのどにあて、指を閉じながら手を下げる。

- ●**水**＋欲しい＝**水が欲しい**　●**新しい**＋**服**＋欲しい＝**新しい服が欲しい**

🔄 〜したい、好き、希望
💡 同じ動作を2回繰り返すと「好み」の意味になる。

骨

ろっ骨を表す

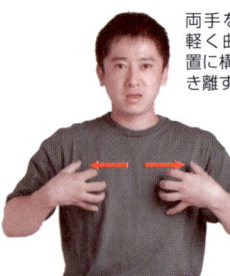

両手を開き、指を軽く曲げ、胸の位置に構え、左右に引き離す。

- ●魚＋骨＝**魚の骨** ●頭＋骨＝**頭がい骨**
- ●骨＋故障＝**骨折** ●骨＋かたい＝**骨が丈夫**

同 理科

ボランティア

指を足に見立て、少しずつ歩み寄る様子

両手の人差し指と中指を下に向けて伸ばし、動かしながら中央に寄せる。

- ●ボランティア＋サークル＝**ボランティアサークル**

同 歩み寄る
※ 両手の人差し指と中指を下に向けて伸ばし、同時に平行に前進させる表現もある。

ボリューム

大きさを表す

軽く曲げた両手の先を合わせ、顔の前に置く。

両手を、弧を描きながら下げる。

● **髪の毛**+ボリューム=**髪の毛のボリューム**

参 「ボリュームを増やす」は、軽く曲げた両手を外側に離していく。
参 「ボリュームを減らす」は、軽く曲げた両手を中央に引き寄せる。

本当

「えっ、本当?」と驚きを表すときにも使う

手を顔と垂直に構え、あごを軽く叩く。

● **本当**+**気分**=**本心**　● **本当**+**お金**=**現金**

同 事実、実際、真実、確かに
反 「うそ」は、人差し指でほおをつつく。

まあまあ

鼻の皮をむくようなイメージ

親指を立て、鼻の横に置く。

手首を2回ひねる。

- まあまあ＋同意（疑問の表情で）？＝**まあまあでしょう？**
- まあまあ＋構わない＝**まあまあいい**

⚠ 手首を1回だけひねると「まし」の意味になる。

まずい

口の前から弧を描くように手を下げると「吐く」の意味になる

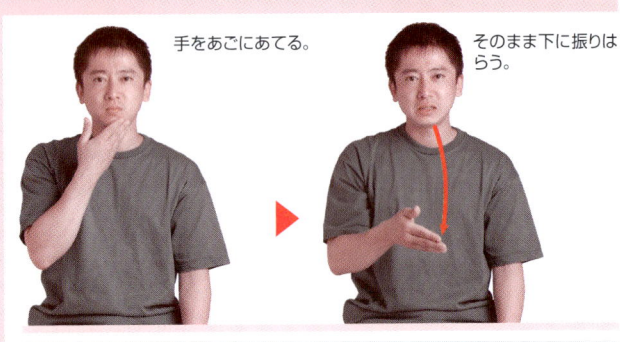

手をあごにあてる。

そのまま下に振りはらう。

- 食事＋まずい＝**食事がまずい**
- 失敗＋ある？＋まずい＝**失敗するとまずい**

同 不幸、不便
反 「おいしい」は、手を手と同じ側のほおにあてて、軽く2回叩く。

ますます

積み上がり増えていくイメージ

軽く曲げた両手の親指と人差し指を上下に置き、下の手を弧を描きながら2回ほど積み上げる。

- ●ますます+**わからない**=**ますますわからない**　●ますます+**増える**=**ますます増える**

- 両手の親指と人差し指を向かい合わせ、左右に引くと「増える」の意味。
- 「ますます」の、下の手を1回だけ上に積み上げると「増す」「さらに」「もっと」の意味。

まだ

左手は到達点を表し、そこまで至らない「途中」という意味

左手を体と垂直に構え、右手は手の甲を前に向けて手首を軸に上下に振る。

- ●**終わる**+まだ=**まだ終わらない**　●**結婚**+まだ=**未婚**
- ●**決める**+まだ=**未定**　●**書く**+まだ=**まだ書いていない**

- 右手の動作だけで表現することもできる。

町

家が立ち並んでいる様子

両手のひらを伸ばして、屋根の形を作る。

両手の手首を左右逆にひねり、手の位置を変えながら、横に動かす。

- ●下+町=**下町** ●温泉+町=**温泉街** ●町+役所=**町役場**

🔄 街並み
⚠ 指先を1回合わせただけだと「家」の意味になる。

間違える

「見た」と思っていたのがひっくり返るイメージ

目の前で、人差し指と中指を横に伸ばす。

そのまま手首をひっくり返す。

- ●想像+間違える+わたし=**わたしの思い違いだった**
- ●間違える+ない②+お願い=**間違えないでね**

⚠ 胸の前あたりで同じように表現すると「第2」の意味になる。

待つ

首を長くして待つ様子

親指以外の4本の指を曲げ、あごの下に置く。

- ●待つ+**会う**=**待ち合わせ**　●**彼氏**+待つ=**彼氏を待つ**
- ●**楽しい**+待つ=**期待**　●待つ+**楽しい**=**お楽しみに**

同 待機

まっすぐ

まっすぐ前に進む様子

指先を前に向け、そのまま前にまっすぐ出す。

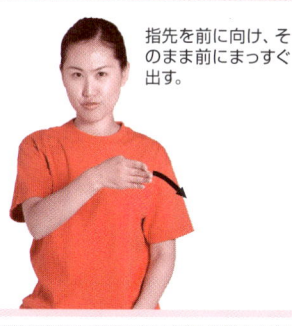

- ●まっすぐ+**行く**=**直進する**
- ●**トイレ**+**場所**+まっすぐ=**まっすぐ行ったところがトイレ**

参「曲がる」は、指先を前に向け、前に出しながら対象の方向に曲げる。

～まで

左手で終点を表し、そこに右手を付ける動作で表現する

右手の指先を左手のひらに向けて移動させる。

- **明日**+～まで=**明日まで**　●～まで+**電車**=**終電**
- **9**+～まで+**行く**+OK（疑問の表情で）？=**9時までに行けますか？**

💡 右手を左手まで移動させず、途中で右手首を下に向けると「途中」の意味になる。

マンション

「万+建物」で表す

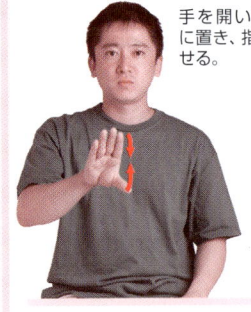

手を開いて体の前に置き、指先を合わせる。

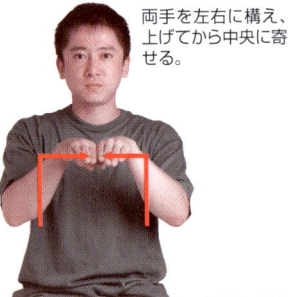

両手を左右に構え、上げてから中央に寄せる。

- **すてきな**+マンション=**高級マンション**

💡 1つ目の動作だけだと「万」、2つ目の動作だけだと「建物」の意味になる。
💡 指文字の「ま」を2回下げる表現もある。

右

右手・右腕を動かすことで、右側であることをを示す

右手をにぎり、右にひじを突き出す。

● 右+次+家=**右隣の家**　● 右+グループ=**右翼**(うよく)

同 右側、右きき
反 「左」は、左手をにぎり、左にひじを突き出す。

短い

長さや距離があまりないことを表す

両手の親指と人差し指を付けて、左右から寄せる。

● 短い+大学=**短期大学**　● 時間+短い=**短時間**

同 近い
反 「長い」は、親指と人差し指を付けた両手を向かい合わせ、左右に開く。

水

水が流れる様子

上に向けた手のひらを波立たせながら横に引く。

- ●風+水=(占いの)風水 ●氷+水=氷水

(同)水曜日、水分
(参)人差し指、中指、薬指を伸ばして、波立たせながら横に引くと「河」の意味。

みそ

大豆をつぶしてみそを作る様子

両手をにぎって上下につなげて、同時に回す。

- ●赤+みそ=赤みそ ●白+みそ=白みそ ●みそ+ラーメン=みそラーメン

(同)ごますり
(参)「みそ汁」は、「みそ+お椀を持って飲む動作」で表す。

認める

うなずく様子

片手でこぶしを作り、顔の横あたりで構える。こぶしを体の正面まで下げる。

●**おもしろい**+**あなた**+**認める**=**あなたがおもしろいのは認める**

同 肯定、許す
反 「認めない」「否定」は、片手のこぶしを体の正面で構え、手首を返して上げる。

緑

緑の樹木や草が生えている様子

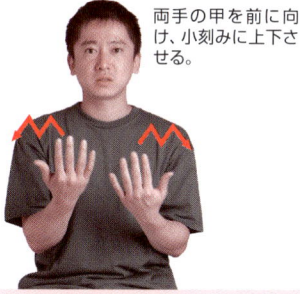

両手の甲を前に向け、小刻みに上下させる。

●**黄色**+緑=**黄緑** ●緑+**お茶**=**緑茶** ●**(色が)薄い**+緑=**薄緑**

同 草、芝生
参 人名の「みどり」にも使える。

南

うちわなどであおぎ、風を送る様子

手をにぎり、あおぐように手を上下させる。

● 東＋南＋**アジア**＝**東南アジア**　　● 南＋**口**(建物の出入り口)＝**南口**

同 夏、暑い、あおぐ、うちわ
反 「北」は、親指、人差し指、中指を伸ばした両手を胸の前で交差させる。

耳

体の部分を表現するときは、各部位に触れて示す

人差し指と親指で、耳を軽くつまむ。

● 耳＋**痛い**＝**耳が痛い**　　● 耳＋鼻＋指文字「か」＝**耳鼻科**

同 イヤリング
参 「ピアス」は、両手の人差し指で両方の耳に触れる。

見る

「見る」は、何をどう見るかによって表現方法が異なる

ぼんやりと見る
親指と人差し指で輪を作り、目の前に置き、少し前に出す。

きちんと見る
人差し指と中指を立てて、指先を前に向け、目から前に出す。

- 花＋見る＝花見
- 立つ＋見る＝立ち見

参 人差し指を立て、目の前あたりから前に出す表現もある。

反 「見られる」は、人差し指と中指の指先を自分に向ける。

ミルク

牛の乳しぼりの様子

指先を上に向けて軽く曲げ、胸の前に置く。

手を2回ほどにぎる。

- ミルク＋必要（疑問の表情で）？＝ミルクはいる？
- コーヒー＋ミルク＝コーヒーミルク
- ミルク＋紅茶＝ミルクティー

参 親指を立てた手を口の端に置く表現もある。

みんな

「あたり一帯みんな」ということを表す

手のひらを下に向け、水平に回す。

● **あなた**＋みんな＝**あなたたち**　● みんな＋**集まる**＝**全員集合**

同 あたり、全員、まわり
参 手のひらを前に向け、弧を描きながら横へ動かすと「景色」の意味になる。

むかつく

心を放り投げるイメージ

手を開いて、胸にあてる。

体から手を離しながら手のひらを上に向け、前に出す。

● **彼**＋むかつく＝**彼にむかつく**　● **上司**＋むかつく＝**上司にむかつく**

同 不満、不服、不平
参 「頭にくる」は、人差し指をこめかみにあて、そのまま下に振りはらう。

無視する

視線を外す様子

人差し指と中指を横に伸ばし、指先を横に向ける。

手首を軸にして、手のひらを相手に向けるように起こして指先をななめ上に向ける。

- ●無視する＋悲しい＝**無視するとかわいそう**
- ●無視＋よい＝**無視したほうがいい**

反 「無視される」は、指先を自分に向けて同様の動作をする。

虫歯

「歯＋虫」で表す

人差し指で歯を指す。

そのまま指先を軽く曲げ、伸ばしたり曲げたりしながら前方へ移動させる。

- ●虫歯＋ない④＝**虫歯ゼロ**　●虫歯＋痛い＝**虫歯が痛い**

参 1つ目の動作だけだと「歯」、2つ目の動作だけだと「虫」の意味になる。
参 順番を逆にして、「虫＋歯」で表してもよい。

難しい

「頭をひねる」というイメージから、手をひねる動作で表す

ほおを軽くつねる。

●**仕事**+難しい=**難しい仕事**　●**歩く**+難しい=**歩くのが困難だ**

(同)困難、できない、無理
(反)「易しい」は、右手の人差し指をあごにあてたあと、左手のひらにポンと乗せる。

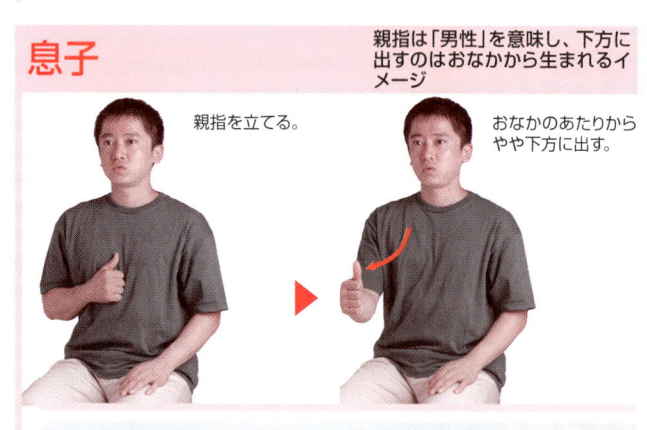

息子

親指は「男性」を意味し、下方に出すのはおなかから生まれるイメージ

親指を立てる。

おなかのあたりからやや下方に出す。

●**1**+**人(空書)**+息子=**一人息子**　●**兄**+息子=**おい**

(参)「おい」は、「兄+息子」や「姉+息子」のように具体的に表現する方法もある。
(反)「娘」は、小指を立てて、おなかのあたりからやや下方に出す。

娘

小指は「女性」を意味し、下方に出すのはおなかから生まれるイメージ

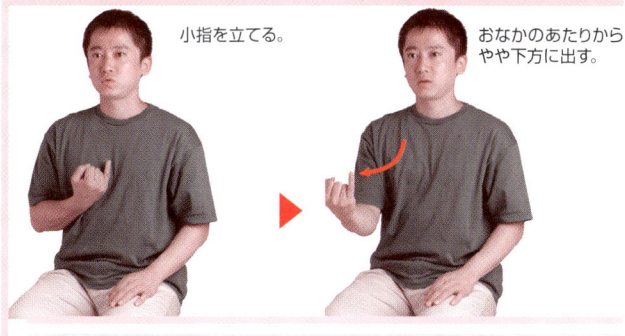

小指を立てる。

おなかのあたりからやや下方に出す。

- ●娘＋**かわいい**＝**愛娘**(まなむすめ)　●**姉**＋娘＝**めい**

😊「めい」は、「兄＋娘」や「姉＋娘」のように具体的に表現する方法もある。
🔄「息子」は、親指を立てて、おなかのあたりからやや下方に出す。

胸

体の部分を表現するときは、各部位に触れて示す

手を胸にあてる。

- ●胸＋**痛い**＝**胸が痛い**　●胸＋**病気**＝**胸の病気**

😊 手を2回ほど胸にあてると「わかる」「わかった」の意味になる。
😊「心臓」は、左胸の前に軽く曲げた両手を向かい合わせて上下に置き、近付けたり離したりする。

村

田畑を鍬（くわ）で耕す様子

左手のすべての指を軽く曲げ、下向きにし、左手のひらに右手の人差し指を付ける。

●**東**＋**海**＋**村**＝**東海村**　●**村**＋**人**(じん)＝**村人**

指を軽く曲げた左手を下向きにして構え、人差し指を曲げた右手を左手の後ろに置き、同時に手前に引く表現もある。

紫

指文字「む」を使って表す

親指を立て、人差し指を横に伸ばして、口元から横に引く。

●**紫**＋**セーター**＝**紫のセーター**　●**赤**＋**紫**＝**赤紫**　●**薄い**＋**紫**＝**薄紫**
●**くちびる**(くちびるを人差し指で指す)＋**紫**＝**くちびるが紫色になっている**

指文字の「む」を胸の前に置き、上下に動かす表現もある。

無理

指文字の「む」と「り」を合体させた「し」の形で表す

親指、人差し指、中指を立て、指文字「し」を作り、手首を軸に横にはらう。

- ●会う+無理=会えない ●行く+無理=行けない
- ●書く+無理=書けない ●歩く+無理=歩けない

参 指文字で「む」「り」と表してもよい。

目

顔の部位は、人差し指でそれぞれを指して示す

人差し指を目の近くにあてる。

- ●目+赤い=目が赤い ●目+痛い=目が痛い ●目+疲れる=目が疲れる

同 ~回目、~番目
参 目の下に人差し指を2回あてると「試す」の意味になる。

めい

指文字の「め」「い」で表す

親指と人差し指を付ける。

小指を立てる。

●**わたし＋めい＋似る＝わたしとめいは似ている**

答「兄＋娘」「姉＋娘」など、具体的な関係で表すこともできる。
反「おい」は、指文字の「お」「い」で表す。

メール

指文字の「め」で表す

親指と人差し指で輪を作る。

そのまま手前に引く。

●**メール＋調べる＝メールを確認する**

答上の動作は「メールを受け取る」の意味で、同じ形の手を前に出すと「メールを送る」の意味になる。

メガネ

メガネをかけている様子

両手の親指と人差し指をコの字型にして目にあてる。

- ●黒+メガネ=**サングラス**
- ●あなた+メガネ+似合う=**あなたはメガネが似合う**

🔵パンダ

珍しい

「目新しい」「目に新鮮」というイメージ

すべて指をすぼめて顔の前に置く。

自分に向けて2～3回パッパッと開く。

▶

- ●花+珍しい=**珍しい花**
- ●建物+珍しい=**珍しい建物**

🔵まれ、見慣れない
🟠手をパッパッと開きながら、顔の周りを1周させる表現もある(「すごく珍しい」の意味)。

めまい

目が回る様子

両手の人差し指で目の前をぐるぐる回す。

- ●**立つ**+めまい=**立ちくらみ**
- ●**太陽**+めまい=**日射病**

🟰 貧血、酔う、酔っ払い
💡 表現するときは上半身も少し揺らすとより伝わりやすくなる。

もうすぐ

程度によって手を動かす幅が変わる

親指を折り、他の4本の指をそろえて伸ばして耳の横に置き、前に出す。

- ●**もうすぐ**+**夏休み**=**もうすぐ夏休みだ**
- ●**もうすぐ**+**ボーナス**+**もらう**=**もうすぐボーナスだ**

💡 手のひらを後ろに向けて、手を後ろに動かすと「この前」「ちょっと前」の意味になる。

もし

「見る」と「どちら」の表現方法を合わせて、発展させた表現

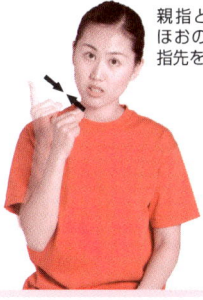

親指と人差し指をほおの近くに置き、指先を付ける。

- もし+雨+野球+試合+中止＝もし雨が降ったら、野球の試合は中止だ
- もし+晴れ+海+行く＝もし晴れたら、海に行く

※右手の親指と人差し指で作った輪を、左手の甲にあてる表現もある。

もちろん

「言うまでもなく同じである」というイメージ

両手の親指と人差し指同士を合わせてから、左右に2回引く。

- もちろん+本当＝もちろん本当です

同 あたり前、当然
※両手の親指と人差し指を合わせてから、左右に1回だけ引くと「普通」の意味。

持つ

何かを持っている様子

上に向けた手を上げながらにぎる。

- ●家+持つ=**家を持っている**　●傘+持つ+よい=**傘を持ったほうがいい**
- ●明日+持つ+行く+何（疑問の表情で）？=**明日持っていく荷物は何？**

参 手をにぎりながら手前に引くと「持ってくる」の意味。

もらう

物を受け取る様子

両手のひらを上に向け、そろえて手前に引く。

- ●給料+もらう=**給料をもらう**　●世話+もらう=**世話してもらう**

同 預かる
反 「あげる」は、両手のひらを上に向け、そろえて前に出す。

森／林

「森」と「林」は、手のひらの向きが違うので注意

森
両手のひらを自分に向け、大きく上下に動かしながら左右に引き離す。

林
両手の手のひらを向かい合わせ、交互に上下に動かす。

- ●森＋公園＝森の公園
- ●森＋田＝森田

😊手を小さく上下に動かすと「草」「緑」。

- ●農業＋林＝農林

😊指先を付けて手を前後に動かし、指先をこすり合わせると「戦争」。

野球

右手をバット、左手をボールに見立て、バットでボールを打つ様子を表す

右手の人差し指を立て、左手の親指と人差し指で作った輪を打つ。

- ●野球＋場所＝球場
- ●野球＋帽子＝野球帽
- ●野球＋グループ＝球団

😊バットを持つように両手のこぶしを上下につなげ、右上から左下に振る表現もある。

役所

「役場＋場所」で表す

左手の指の上に右手のひじを乗せ、右手を前後に振る。

すべての指を軽く曲げて下に向け、少し下げる。

- **市**＋役所＝**市役所**　　● **区**＋役所＝**区役所**　　●**村**＋役所＝**村役場**
- **市**＋役所＋**行く**＋**いつ**（疑問の表情で）？＝**市役所にはいつ行くの？**

参 1つ目の動作だけだと「役場」、2つ目の動作だけだと「場所」の意味になる。

約束

指きりをする様子

両手の小指をからめて、軽く曲げる。

- **デート**＋約束＝**デートの約束**　　●**結婚**＋約束＝**婚約**

同 きっと、必ず、守る、予約
反 「約束を破る」は、からめた小指を上下に離す。

野菜

キャベツやほうれん草など野菜の形を表す

軽く曲げた両手のひらを、向かい合わせる。

両手を中央に軽く寄せる。

- ●野菜＋ジュース＝**野菜ジュース**　●野菜＋好き＝**野菜好き**

同 サラダ
参 両手を2回上げて、真ん中で重なるようにすると「キャベツ」の意味。

易しい やさしい

泡（吹けば飛ぶような、まるで相手にならない物）のことを表す

右手の人差し指をあごにあて、そのまま左手のひらに乗せる。

- ●易しい＋ハンバーガー＝**ファーストフード**　●誤解＋易しい＝**誤解しやすい**

同 単純、簡単、シンプル
参 口の前に置いた手のひらに軽く息を吹きかける表現もある。

優しい

ふわふわとやわらかく、優しいイメージ

両手とも親指と他の指を向かい合わせて少し開き、胸の前で構える。

指をふわふわと開いたり閉じたりしながら、左右に開く。

- ●**思う**+**優しい**=**思いやり**　●**優しい**+**あなた**=**優しいね**

🔁 やわらかい、(ゲームなどの)ソフト
📝 性格が優しいことを表したい場合は、「心+優しい」と具体的に表現する。

安い

右手はお金に見立て、値段が下である(安い)ことを表す

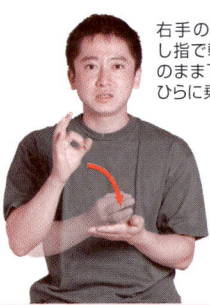

右手の親指と人差し指で輪を作り、そのまま下げ、左手のひらに乗せる。

- ●**円**+**安い**=**円安**　●**安い**+**得**+**よい**+**どうぞ**=**とてもお買い得ですよ**

📝 両手で輪を作り、同時にななめ下に下ろすと「値下がり」「値引き」の意味。
🔄「(値段が)高い」は、左手を添えず、輪を作った右手を上げる。

痩せる やせる

ほっそりとしたウエストラインを表す

両手のひらを向かい合わせる。

幅を狭めながら下げる。

● **あなた**＋**痩せる**＋**欲しい**＋**くらい**＝**どれくらい痩せたいの？**

同 ダイエット、(体が)細い、痩せている
反 「太い」は、両手を左右に広げて表す。

薬局

「薬＋場所」で表す

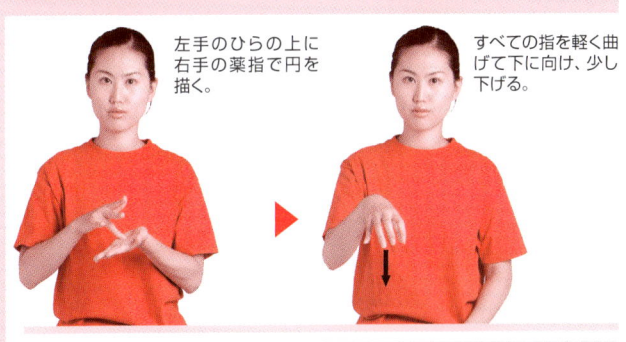

左手のひらの上に右手の薬指で円を描く。

すべての指を軽く曲げて下に向け、少し下げる。

● **薬局**＋**行く**＝**薬局に行く**　● **薬局**＋**ある？**＝**薬局ありますか？**

参 1つ目の動作だけだと「薬」、2つ目の動作だけだと「場所」の意味になる。
参 「場所」の代わりに、「店」を使って表現することもある。

やっと   額に溜まった汗をぬぐう様子

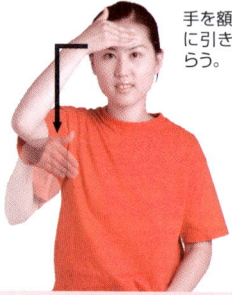

手を額にあてて、横に引き、下に振りはらう。

●やっと+仕事+終わる=やっと仕事が終わった

🈑ついに
🈐手を振り下ろさずに、横に引くだけだと「若い」の意味になる。

山   山の形を表す

手のひらを下に向けて、弧を描いて山の形にする。

●山+歩く=登山　　●山+田=山田　　●山+口(建物の出入り口)=山口

🈐山の大小や遠近は、動きの大きさや手の位置で表す。
🈐山の形を数回描くと「山脈」の意味。

辞める

今いる場所から退く様子

左手のひらに軽く曲げた右手を乗せる。

右ななめ下に捨てるように下ろす。

- ●**会社**+辞める=**退職** ●**サークル**+辞める=**サークルを退会する**

(同)引退
(参)左手のひらをひっかくようにして、捨てる動作をすると「捨てる」の意味。

やわらかい

ふわふわとやわらかいイメージ

両手とも親指と他の指を向かい合わせて少し開き、胸の前で構える。

指をふわふわと開いたり閉じたりしながら、左右に開く。

- ●**料理**+**卵**+やわらかい=**やわらかい卵料理**

(同)優しい、(ゲームなどの)ソフト
(反)「かたい」は、すべての指を軽く曲げて、力強くななめ下に下ろす。

遊園地

子どもが遊び回っている様子

両手の人差し指を立て、交互に前後させる。

両手の親指と人差し指を伸ばして向かい合わせ、丸い形を作り、下げる。

- ●楽しい＋遊園地＝**後楽園遊園地**
- ●遊園地＋**デート**＝**遊園地でデートする**

⊛ 1つ目の動作だけだと「遊ぶ」、2つ目の動作だけだと「エリア」の意味になる。
⊛ 手をジェットコースターに見立て、指を伸ばし上に向かって1周回す表現もある。

郵便局

「郵便＋場所」で表す

両手の指で「〒」マークを作る。

すべての指を軽く曲げて下に向け、少し下げる。

- ●郵便局＋行く＋郵便＋四角＋買う＝**郵便局でハガキを買う**
- ●郵便局＋次＋わたし＋家＝**郵便局の隣がわたしの家**

⊛ 1つ目の動作だけだと「郵便」「手紙」、2つ目の動作だけだと「場所」の意味になる。

よい

こぶしをななめ上に出すと「天狗になる」の意味

こぶしを鼻の前に置き、少し前に出す。

- ●よい+**お願い**=**よろしくお願いします**　●よい+**悪い**=**善悪**
- ●**頭**+よい=**頭がいい**　●よい+**人**(空書)=**いい人**

(反)「悪い」は、人差し指を鼻あたりに置き、ななめ下にはらう。

酔う

目がとろんとしていて、焦点が定まらない様子

両手の親指と人差し指で輪を作り、お銚子とおちょこを持つように構え、左右上下に動かす。

- ●酔う+**よい**+**気分**=**酔っ払っていい気分になる**

(参)両手の人差し指の先を両目に向けて、グルグル回す表現もある。この表現は、ほかに「貧血」「めまい」「酔っ払い」の意味がある。

幼稚園

「幼稚＋場所」で表す

両手のひらを重ね、手の上下を何回か組み替える。

すべての指を軽く曲げて下に向け、少し下げる。

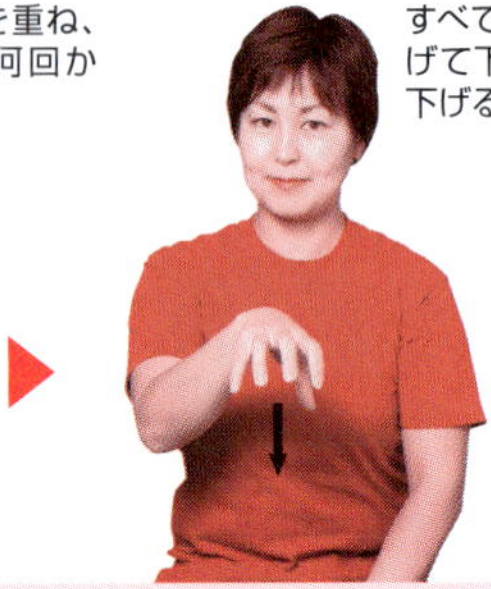

●**息子**＋**幼稚園**＋**好き**＝**息子は幼稚園が好きだ**

- 1つ目の動作だけだと「幼稚」、2つ目の動作だけだと「場所」の意味になる。
- 「世話＋場所」で、「保育園」の意味になる。

ヨガ

ヨガをやっている様子

両手の親指と人差し指で輪を作り、手のひらを上に向けて左右に構える。

●**趣味**＋**ヨガ**＝**ヨガが趣味**　　●**ヨガ**＋**サークル**＝**ヨガサークル**

- 日本に新しく入ってきたヨガや太極拳などは、人によって表現方法が異なる場合がある。そのようなときは、相手に合わせた表現方法で表す。

汚れ

物に汚れが付く様子

左手のひらに、軽く曲げた右手を2回乗せる。

● 汚れ+**とても**=**ひどく汚れている**

(同) ゴミ
(参) 左手のひらに右手を1回だけ乗せると「証拠」「証明」「免許」の意味になる。

予定

予定表のケイ線を表す

左手のひらを下に向け、右手の指先を左手の小指にあてて、2回右に動かす。

● **明日**+予定=**明日の予定**　　● 予定+**ない**①=**予定がない**

(同) 計画、(〜する)つもり
(参) 「予定」の形で、右手の人差し指だけを動かすと「設計」「デザイン」という意味。

予約

指きりをしている様子

両手の小指をからめて軽く振る。

- ●予約+**終わり**=**予約済み**　●予約+**イス**=**予約席**

同 約束、必ず、きっと、守る
反 「キャンセル(する)」は、からめた小指を上下に離す。

ラーメン

ラーメンを食べている様子

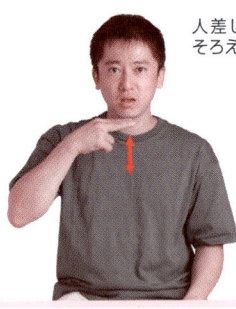

人差し指と中指をそろえ、上下させる。

- ●**寒い**+ラーメン=**冷やしラーメン**　●**みそ**+ラーメン=**みそラーメン**
- ●**しょうゆ**+ラーメン=**しょうゆラーメン**

同 うどん、そば

〜らしい

不確かな断定、推量を表す

人差し指と中指を立て、2回軽く振りながら下げる。「！」を空書するイメージ。

- ●白＋流行る＋〜らしい＝**白が流行るらしい**
- ●渋滞＋〜らしい＝**渋滞しているらしい**

🔄 (〜の)ようだ

ラブストーリー

「恋愛＋経過」で表す

両手の人差し指の先を下に向け、胸の前で交差させる。

左腕を伸ばし、左肩に手のひらを上に向けた右手を乗せて、手首まですべり下ろす。

- ●ラブストーリー＋**本**＋**読む**＋**欲しい**＝**ラブストーリーの本を読みたい**

💡 1つ目の動作だけだと「恋愛」「恋」、2つ目の動作だけだと「経過」「経歴」「流れ」「プロフィール」「略歴」の意味になる。

理科

理科室にある人体模型のろっ骨を表す

両手の指を軽く曲げて胸にあて、左右に引き離す。

- ●理科+**先生**=理科の先生
- ●理科+**試験**=理科の試験
- ●理科+**部屋**=理科室
- ●理科+**勉強**+**好き**=理科が好き

同 骨

両親

「肉親+夫婦」で表す

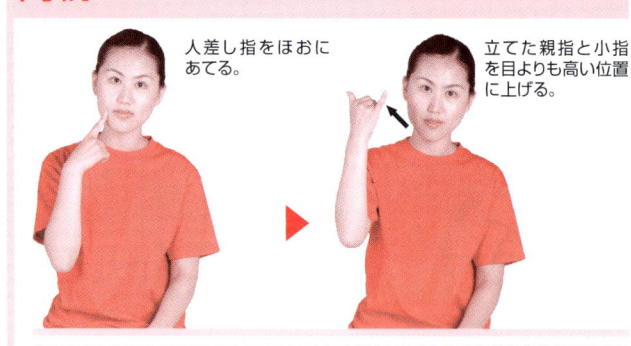

人差し指をほおにあてる。

立てた親指と小指を目よりも高い位置に上げる。

- ●**彼氏**+両親+**会う**=彼氏の両親に会う
- ●両親+**家**=両親の家

参 1つ目の動作だけだと「肉親」の意味になる。

料理

包丁で切る様子

軽くにぎった左手の横で、右手を垂直に下げる。

- ●料理+**場所**=台所　●**中国**+料理=中華料理
- ●**家庭**+料理=家庭料理　●料理+**四角**=まな板

同 包丁

歴史

親指と小指は人々を表し、世代が替わるイメージ

両手の親指と小指を立て、肩の位置で構える。

交互に回転させながら下へ下げる。

- ●**日本**+歴史=日本史　●**海外**+歴史=世界史　●歴史+**本**=歴史書

同 伝統
参 両手の親指と小指を立て、片手だけをねじって下ろす表現もある。

レストラン

「食べる＋場所」で表す

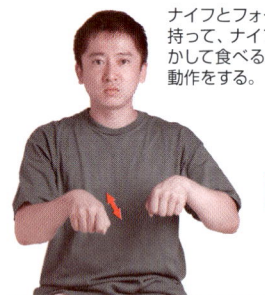

ナイフとフォークを持って、ナイフを動かして食べるような動作をする。

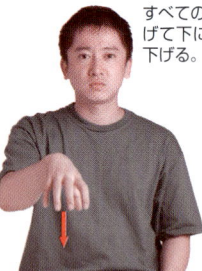

すべての指を軽く曲げて下に向け、少し下げる。

- ●夜＋食事＋レストラン＋行く＋〜したい＝**夕食はレストランへ行きたい**
- ●家族＋レストラン＝**ファミリーレストラン**

※1つ目の動作だけだと「洋食」、2つ目の動作だけだと「場所」の意味になる。

レントゲン

胸のレントゲンを撮る様子

両手の親指と人差し指を向かい合わせ、おなかにあてる。

左手を残したまま、自分のほうに向けて開いた右手を前方に出しながらすぼめる。

- ●レントゲン＋**写真**＝**レントゲン写真**
- ●レントゲン＋**部屋**＝**レントゲン室**

※下に向けた左手のひらに右手のすべての指先を付け、右手を離しながら指先を付けると「コピーする」の意味。

ろう

聞こえないことと話せないことを表す

手で耳を押さえ、次に口を押さえる。

- ●ろう+**学校**=**ろう学校**
- ●ろう+**人**+**手伝う**=**ろうの人をサポートする**

😊 右手の人差し指を耳に、左手の人差し指を口に置き、前に出すと「聴者」の意味。

ワイン

指文字の「わ」で表す

人差し指、中指、薬指を立て、甲を前に向けてほおの前で軽く回す。

- ●ワイン+**指文字「び」「ね」「が」「長音」**=**ワインビネガー**

😊 「ロゼワイン」は、指文字で「ろ」「ぜ」と表す。
😊 同じ形の手を口の端に2回あてると「ウイスキー」の意味になる。

若い　　　　　　　額にしわがない様子

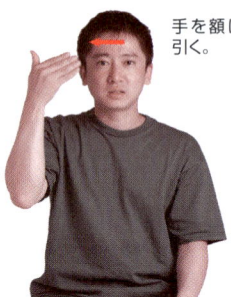

手を額にあて横に引く。

●気分+若い=**気が若い**　　●若い+〜とき=**若いとき**

🔵青年
🔶手を横に引いてから、下に振り下ろすと「やっと」の意味になる。

わからない　　　　体に身についていないというイメージ

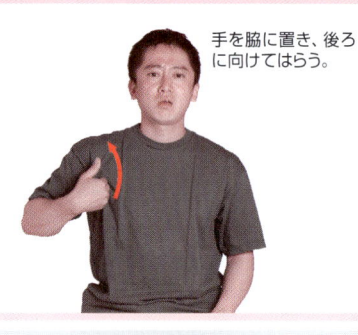

手を脇に置き、後ろに向けてはらう。

●英語+わからない=**英語がわからない**

🔵知らない
🔶手のひらを顔の前に置き、中指で鼻の頭を叩く表現もある。

わかる

「知っているよ」というふうに胸を張っている様子

手を胸にあて、軽く叩く。

● **指文字「り」**+わかる=**理解**　● **手話**+わかる=**手話がわかる**

🔵 知っている、承知、知る、了解
🔵 手をあてて、少し下げる表現もある。

わたし

自分を指して示す

人差し指で自分を指す。

● わたし+**学生**=**わたしは学生です**　● わたし+**母**=**わたしの母**

🔵 人差し指で、鼻を指す表現もある。
🔵 両手の人差し指を額に置き逆三角形を描くと「個人」「プライベート」の意味。

笑う

口がにこっと笑っている様子

両手の親指と他の指を軽く曲げ、口元で広げたり狭めたりする。

●**あなた**+**笑う**+**顔**+**好き**=**あなたの笑った顔が好き**

同 笑顔
反「泣く」は、両手を水平にして目にあて、左右に動かす。

悪い

「鼻を折る」というイメージ

人差し指を鼻あたりに置き、ななめ下に振りはらう。

●**体**+**悪い**=**体調が悪い、気持ち悪い**　●**悪い**+**口**(体の一部)=**悪口**

同 ダメ
参 同じ動作を2回繰り返すと、「いじわる」の意味になる。

覚えておきたい 基本単語集

五十音や数字、アルファベットなど
手話を学ぶにあたって"基本"となる指文字や、
「おはよう」「また会いましょう」といったあいさつなど、
手話初心者はぜひ覚えておきたい単語を
見やすくまとめました。
基本をきちんとマスターして、手話ライフを楽しみましょう!

五十音

あ
親指を横に伸ばす。

い
小指を立てる。

う
人差し指と中指をそろえて立てる。

え
すべての指先を軽く曲げる。

お
親指と他の4本の指の先を付けて筒型にする。

か
人差し指を立て、親指を中指の中ほどに付ける。

き
人差し指と小指を立て、親指と中指、薬指を付ける。

く
手の甲を前に向け、親指を立て、他の4本の指は横に伸ばす。

け
手のひらを前に向け、親指を曲げる。

こ
親指を立て、他の4本の指を横に伸ばす。

さ
手をにぎる。

し
手の甲を前に向け、親指を立て、人差し指、中指は横に伸ばす。

す
親指を横に伸ばし、人差し指、中指を下に向ける。

せ
手のひらを前に向け、中指を立てる。

そ
人差し指を前に向け、伸ばす。

た
親指を立てる。

ち
小指を立て、親指と人差し指、中指、薬指を付ける。

つ
小指と薬指を立て、親指と人差し指、中指を付ける。

五十音

て	と	な
手のひらを前に向ける。	手の甲を前に向け、人差し指と中指を立てる。	人差し指と中指を伸ばし、下に向ける。

に	ぬ	ね
手の甲を前に向け、人差し指と中指を横に伸ばす。	人差し指を立て、少し曲げる。	手の甲を前に向け、指の間を少し開け、指先を下に向ける。

の		は
人差し指を立てる。	「ノ」を空書する。	人差し指と中指を前に向け、伸ばす。

五十音

ひ
人差し指を立てる。

ふ
親指を横に伸ばし、人差し指を下に向ける。

へ
親指と小指を伸ばし、他の指をにぎり、手を倒す。

ほ
手の甲を前に向け、すべての指を少し曲げる。

ま
手の甲を前に向け、人差し指、中指、薬指を下に伸ばす。

み
手の甲を前に向け、人差し指、中指、薬指を横に伸ばす。

む
手の甲を前に向け、親指を立て、人差し指を横に伸ばす。

め
手のひらを前に向け、親指と人差し指を付ける。

五十音

317

も

手の甲を前に向け、親指と人差し指を立てる。 ▶ 親指と人差し指を付ける。

や

親指と小指を立て、他の指をにぎる。

ゆ

手の甲を前に向け、人差し指、中指、薬指を立てる。

よ

手の甲を前に向け、親指以外の4本の指の間を少し開けて横に伸ばす。

ら

中指と人差し指を立て、人差し指の上に中指を交差させる。

り

人差し指と中指を立てる。 ▶ 2本の指で、「リ」の右部分を空書する。

る

親指、人差し指、中指を立てる。

五十音

れ
親指と人差し指を立てる。

ろ
人差し指と中指を立て、指先を少し曲げる。

わ
人差し指、中指、薬指を立てる。

を
親指と他の4本の指の先を付けて筒型にする。 ▶ 手をそのまま手前に引き寄せる。

ん
人差し指を下に向けて伸ばす。 ▶ 手はそのままで「ン」の右部分を空書する。

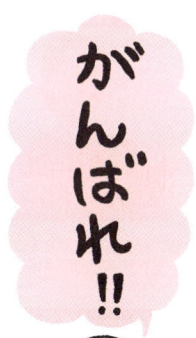

がんばれ!!

五十音

濁音(例:だ)

指文字「た」の手の形を作り、そのまま横に引く。

半濁音(例:ぱ)

指文字「は」の手の形を作る。

手の形はそのままで、手首を軸にして上にはね上げる。

促音(例:っ)

指文字「つ」の手の形を作り、そのまま手前に引く。

長音(例:かー)

指文字「か」の手の形を作る。

人差し指を伸ばして下げる。

拗音ようおん(例:ゅ)

指文字「ゆ」の手の形を作り、そのまま手前に引く。

五十音

320

アルファベット

A 
両手の人差し指を立て、指の腹を合わせ、右手の親指を添わせる。

B 
立てた左手の人差し指に右手の人差し指、中指、薬指を付ける。

C 
すべての指先を軽く曲げる。

D 
立てた左手の人差し指に少し曲げた右手の人差し指と親指を付ける。

E
立てた左手の人差し指に右手の人差し指、中指、薬指を付ける。

そのまま右手首を回して、前にはらう。

F 
立てた左手の人差し指に右手の人差し指と中指を付け、右手を前にはらう。

G 
両手の親指と人差し指を軽く曲げ、右手の人差し指を左手の親指にかける。

H 
左手の人差し指を立て、そこに右手の人差し指を付けて親指を立てる。

I
人差し指を立てる。

J
小指を立て、「J」を空書する。

K
左手の人差し指を立て、右手の人差し指で「K」の右部分を空書する。

L
親指を横に伸ばし、人差し指を立てる。

M
両手の親指の先を付け、人差し指を下に伸ばす。

N
左手の人差し指を立て、右手の人差し指で「N」の右部分を空書する。

O
親指と他の4本の指を付けて筒型にする。

P
左手の人差し指を立て、右手の親指と人差し指を付ける。

Q
右手の人差し指を左手の筒の中に軽くかぶせる。

アルファベット

R
左手の人差し指を立て、右手の人差し指で「R」の右部分を空書する。

S
人差し指で、「S」を空書する。

T
右方向に伸ばした左手の人差し指に、立てた右手の人差し指を付ける。

U
人差し指で、「U」を空書する。

V
人差し指と中指を立てる。ピースと同じ。

W
両手の親指を付け、人差し指を立てる。

X
両手の人差し指を伸ばし交差させる。

Y
親指と小指を立て、他の指をにぎる。

Z
人差し指で、「Z」を空書する。

アルファベット

数字

1
人差し指を立てる。

2
人差し指と中指を立てる。

3
人差し指、中指、薬指を立てる。

4
親指以外の4本の指を立てる。

5
親指を横に伸ばす。

6
手の甲を前にして親指を立て、人差し指を横に伸ばす。

7
手の甲を前にして親指を立て、人差し指、中指を横に伸ばす。

8
手の甲を前にして親指を立て、人差し指、中指、薬指を横に伸ばす。

9
手の甲を前にして親指を立て、それ以外の4本の指をそろえて横に伸ばす。

10
立てた人差し指を軽く曲げる。

15
立てた人差し指を軽く曲げる。 ▶ 親指を横に伸ばし、それ以外の指はにぎる。

100
ななめ下に人差し指を伸ばす。 ▶ 手首を軸にして指先を上に向ける。

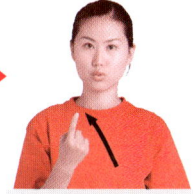

1000
小指を立て、親指と人差し指、中指、薬指を付けて、横に引く。

万
手を前に向けて開く。 ▶ 親指と他の指を付ける。

0
親指に他の4本の指を付けて筒型にする。

数字

億

すべての指先を軽く曲げる。 ▶ そのままにぎる。

兆

両手の人差し指と中指を立てる。 ▶ 外側から内側に向けてはらう。

0.1

右手の親指に他の4本の指を付けて筒型にし、左手の人差し指を前に出し「.」を打つ。 ▶ 右手を残したまま、左手の人差し指を立てる。

季節

春

両手をおなかのあたりに構え、すくい上げるように数回手前に引き寄せる。
同 暖かい

夏

手をにぎり、あおぐように手を2回ほど上下させる。
同 南、暑い

秋

両手を肩のあたりに構え、顔に風を送るように数回手前に動かす。
同 涼しい

冬

肩をすぼめ、にぎった両手を胸の前あたりに置き、震わせる。
同 寒い、冷たい

月

1月
左手の人差し指を横にし、その下で右手の親指と人差し指を付けて、下げながら離す。

2月
左手の人差し指と中指を横に伸ばし、その下で右手の親指と人差し指を付けて、下げながら離す。

3月
左手の人差し指、中指、薬指を横にし、その下で右手の親指と人差し指を付けて、下げながら離す。

4月
左手の親指以外の4本の指を横にし、その下で右手の親指と人差し指を付けて、下げながら離す。

5月
左手の親指を横に伸ばし、その下で右手の親指と人差し指を付けて、下げながら離す。

6月
左手の親指を立て、人差し指を横に伸ばし、その下で右手の親指と人差し指を付けて、下げながら離す。

7月

左手の親指を立て、人差し指と中指を横に伸ばし、その下で右手の親指と人差し指を付けて、下げながら離す。

8月

左手の小指以外の指を横に伸ばし、その下で右手の親指と人差し指を付けて、下げながら離す。

9月

左手の親指以外の指をそろえ、その下で右手の親指と人差し指を付けて、下げながら離す。

10月

左手の人差し指を伸ばして曲げ、その下で右手の親指と人差し指を付けて、下げながら離す。

11月

左手の人差し指を伸ばして曲げ、再び伸ばし、その下で右手の親指と人差し指を付けて、下げながら離す。

12月

左手の人差し指を伸ばして曲げ、人差し指と中指を伸ばし、その下で右手の親指と人差し指を付けて、下げながら離す。

日にち・時間

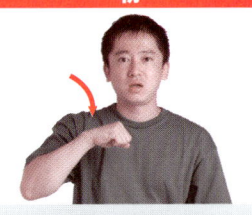

朝
こぶしをこめかみあたりに置き、下げる。
同 起きる、おはよう

昼
立てた人差し指と中指を、額にあてる。

夜
両手を左右に広げて置き、交差させる。
同 暗い、こんばんは

時間
右手の人差し指で左手の手首をさわる。
同 ～時、腕時計

午後
人差し指と中指をそろえ、額に付けて、ななめ下に傾ける。

4月2日
「4月」と表す。 左手は残したままで、その下で、右手で日にちを表す。

3日前
人差し指、中指、薬指を立て、肩から後ろにはらう。

おととい
人差し指と中指を立て、肩から後ろにはらう。

昨日
人指し指を立て、肩から後ろにはらう。

今日
両手のひらを下に向け、同時に下げる。
同 今、現在

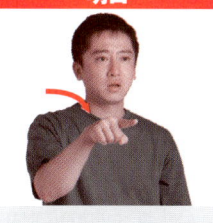

明日
人差し指を立て、肩から前に出す。

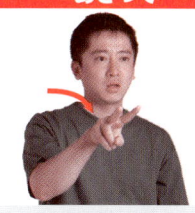

あさって
人差し指と中指を立て、肩から前に出す。

1週間

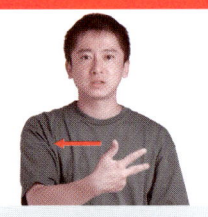

親指、人差し指、中指を横に伸ばし数字の「7」を作り、横に動かす。

体と垂直に立てた両手を下げる。
単 間（あいだ、ま）

今週

両手のひらを下に向け、同時に下げる。
同 今、現在

親指と人差し指、中指を横に伸ばして、横に引く。

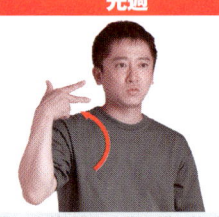

先週

親指、人差し指、中指を横に伸ばして数字の「7」を作り、弧を描くように後ろにはらう。

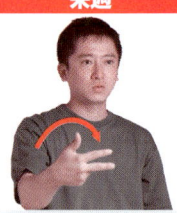

来週

親指、人差し指、中指を横に伸ばして数字の「7」を作り、弧を描くように前に出す。

日にち・時間

1ヵ月

口元に右手の人差し指をあてる。

手の形はそのままで、手首を軸にして前に倒す。

今月

両手のひらを下に向け、同時に下げる。
同 今、現在

親指と人差し指を付けて、下げながら離す。

～年間

右手の人差し指を、丸めた左手にあてる。
単 年、(～の)ため、目的、当たる

体と垂直に立てた両手を下げる。
単 間(あいだ、ま)

去年

右手の人差し指を丸めた左手にあてる。
🈘 年、(～の)ため、目的、当たる

左手はそのままで、右手を肩から後ろへ倒す。

今年

右手の人差し指を丸めた左手にあてる。
🈘 年、(～の)ため、目的、当たる

両手のひらを下に向け、同時に下げる。
🈘 今、現在

来年

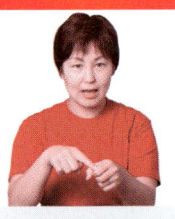

右手の人差し指を丸めた左手にあてる。
🈘 年、(～の)ため、目的、当たる

左手はそのままで、右手を前に出す。

平日

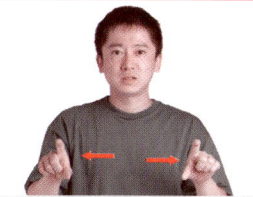

軽く曲げた両手の親指と人差し指同士を付け、離しながら左右に引く。
単 普通

左手の人差し指に右手の人差し指、中指、薬指を付ける。
単 日

休日

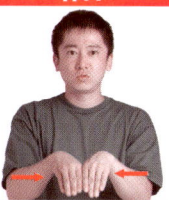

両手のひらを下に向け、左右から中央に寄せる。　**単** 休み
その後、「日」を表す。※「平日」参照。

毎日

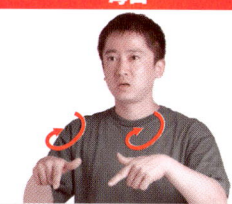

両手の親指と人差し指を伸ばし、自分のほうに向けて2回転させる。

週末

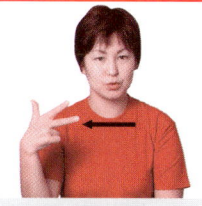

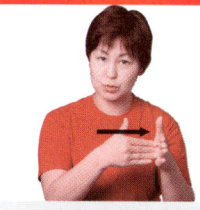

親指と人差し指、中指を横に伸ばして、横に引く。

右手の指を横に伸ばし、左手のひらまで動かして付ける。

日にち・時間

月曜日

親指と人差し指を付ける。

手を下げながら指先を左右に離す。
同〜月

火曜日

親指と小指を立てる。

手首を軸にひねりながら上げる。

木曜日

両手の親指と人差し指を伸ばして、手の甲を上に向ける。

手首を返しながら上げる。
同木

水曜日

上に向けた手のひらを波立たせながら横に引く。
同水分、水

金曜日

親指と人差し指で輪を作り、他の指を立てる。
同お金、値段、料金

土曜日

親指と他の4本の指先をこすり合わせる。
同粉、砂

日にち・時間

日曜日
人差し指を立てて唇にあて、横に引く。
単 赤

両手のひらを下に向け、左右から中央に寄せる。
単 休む、休日、休み

祝日
手のひらを自分に向けて両手の親指を絡ませ、ヒラヒラさせる。同 祭日

前
手の甲を前に向け、小さく後ろにはらう。
同 以前、先日

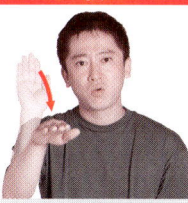

後
手のひらを前に向けて、倒す。
同 今度

～ころ
垂直に出した手のひらを左右に振る。
同 くらい、だいたい

(～の)とき
左手のひらに右手の親指をあて、人差し指を前に倒す。
同 場合

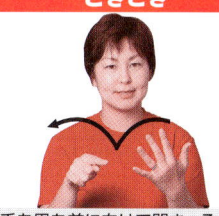

ときどき
左手を甲を前に向けて開き、その上から右手の人差し指で、左から右へ弧をいくつか描く。同 たまに

日にち・時間

すぐ

親指と人差し指の先を付け、離しながらななめ下に素早く動かす。

中

親指と人指し指を横に伸ばした左手に、垂直に立てた右手の小指の側面をあてる。
同 （〜している）最中

秒

人差し指と中指を立てる。

そのままななめ下にはらう。

夕方

手を体と垂直に立てる。

手首を軸にして、指を開きながら指先を下げる。

日にち・時間

時代

明治
手を横に伸ばしてあごの下にあて、下げながらにぎる。
参 明治天皇のあごひげから

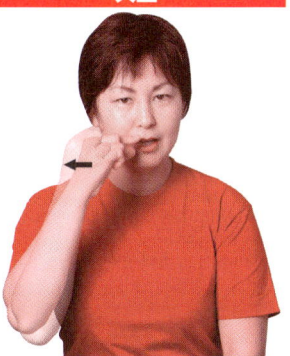

大正
親指と人差し指を横に伸ばして鼻の下に置き、つまみながら横に引く。
参 大正天皇の口ひげから

昭和
親指と人差しを首にあてる。
参 昭和初期に流行したモダンなハイカラーから

平成
手のひらを下向きにして、横に水平に動かす。
参 平らな様子を表す

干支

子 ねずみ
人差し指と中指の先を前に向け、口元に置いて、曲げる。
同 グレー　参 ねずみの歯

丑 うし
両手の親指をこめかみに付け、人差し指を少し曲げる。
参 うしの角

寅 とら
両手の甲を前に向け、指先を軽く曲げ、ほおから肩あたりまで引く。
参 とらの模様

卯 うさぎ
両手の甲を前に向けて耳の上に置き、後ろにはらう。
参 うさぎの耳

辰 たつ
両手の人差し指の先を、口元から前に出す。
参 龍のひげ

巳 へび
親指を前に向けた手を、手首を左右に振りながら前に出す。
参 へびの動き

午 うま

伸ばした両手の人差し指を軽く2回振り下ろす。
📕群馬、競馬　📗手綱を引く様子

未 ひつじ

伸ばした両手の人差し指を頭の横に置き、同時に前から後ろに回す。
📗ひつじの角

申 さる

左手の甲を右手でかく。
📗さるが手をかく様子

酉 とり

親指と人差し指を口元に置き、付けたり離したりする。
📗とりのくちばし

戌 いぬ

こめかみに親指を付け、他の4本の指を前に軽く倒す。
📗いぬの垂れた耳

亥 いのしし

両手の人差し指をカギ型にし、口元から前に出す。
📗いのししの牙

干支

地名

北海道
両手の人差し指と中指をひたいのあたりで構える。手の形はそのままで、ひし形を描くように下げる。
参 北海道の地形

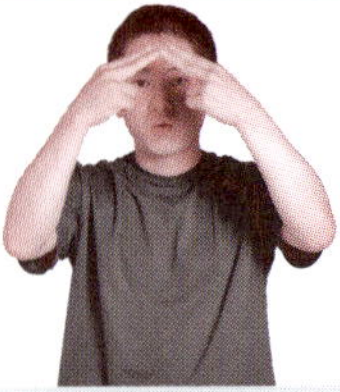

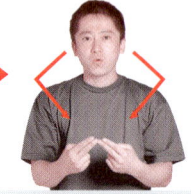

秋田県
上向きにした左手の甲に、立てた右手の親指を付ける。
参 ふきの形

青森県
甲を前に向けた手の指先をほおに付け、後ろに引く。
単 青 
両手の甲を前に向け、交互に上下させる。
単 森

山形県
左手を筒型にし、そこに右手の人差し指を付ける。
参 さくらんぼの形

岩手県
左手のひらに、軽く曲げた右手の指先を付ける。
単 石 
手のひらを前に向ける。
単 手

新潟県
両手のひらを上に向け、交互に前後に動かす。
参 港に船が出入りする様子

宮城県

両手をななめにし、組み合わせる。**単** 宮
参 神社の屋根

両手の人差し指を軽く曲げ、左右に広げる。
単 名古屋、城

群馬県

両手の人差し指の先を前に向け、2回振り下ろす。
参 手綱を引く様子

福井県

すべての指を開いてあごにあて、指を閉じながら下げる。**単** 福、幸せ

両手の人差し指と中指を縦横に合わせ「井」の形を作る。**単** 井

栃木県

右手の人差し指で、開いた左手の指に沿ってなぞる。
参 栃の葉の形

石川県

左手のひらに、軽く曲げた右手を付ける。
単 石

人差し指、中指、薬指を前に伸ばし、下げる。
単 川

埼玉県

軽く曲げた両手のひらを上下に向かい合わせ、丸めるように回す。

地名

343

福島県

すべての指を開きあごにあて、指を閉じながら下げる。🔴福

▶ 右手のひらを上に向け、左手の上で外側から内側に1回転させる。🔴島

東京都

両手の親指と人差し指を立て、2回上げる。🔴東の都

茨城県

両肩を抱えるように交差させる。

▶ 指先を開きながら、下げる。🔴水戸藩士のみのの形

千葉県

右手の人差し指に左手の親指と人差し指をあて、漢字の「千」を作る。

神奈川県

手のひらを1回合わせる。🔴神

▶ 人差し指、中指、薬指を前に伸ばし、下げる。🔴川

愛知県

左手の親指を伸ばし、その上で軽く曲げた右手を回す。

地名

静岡県

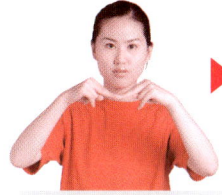

手の甲を上に向けて、伸ばした両手の人差し指と中指の先を合わせる。

指先を離し、山の形を描きながら下げる。
参 富士山の形

岐阜県

手のひらを前に向け、親指、人差し指、中指を開いたり閉じたりする。

富山県

手の甲を前に向け、人差し指と中指を立てる。
単 指文字「と」

山の形を描く。
単 山

滋賀県

両手をにぎり上下に構え、びわを弾くしぐさをする。

長野県

両手の親指と人差し指を付け、中央で向かい合わせて左右に開く。単 長い

人差し指で「ノ」を空書する。
単 指文字「の」

奈良県

右手は親指と人差し指で輪を作り、左手のひらは上に向ける。

地名

山梨県

山の形を描く。
🅷山

下に向けた左手の下で右手の指先を付け、ひねりながら下げて閉じる。

京都府

両手の親指を伸ばし、人差し指の先を下に向け、2回下げる。 🅟西の都

三重県

人差し指、中指、薬指を横に伸ばす。

両手のひらを上に向けて横に並べ、同時に下げる。
🅷重い

大阪府

人差し指と中指を少し曲げて、頭の横で2回前に出す。

鳥取県

親指と人差し指を前に向けて伸ばし、口元で開いたり閉じたりする。

指先を前に向けて、引きながらにぎる。
🅷取る

和歌山県

親指を横に伸ばし、他の4本の指を立て、口元に置く。
🅟歌う様子

地名

兵庫県
両手のこぶしを上下に置き、胸にあてる。
参 兵隊が銃を持つ様子

岡山県
両手を軽くにぎり、交差させてから2回はじくように手を開く。

広島県
両手の人差し指と中指で鳥居の形を表す。

島根県
右手のひらを上に向け、左手の上で外側から内側に1回転させる。単 島 
▶ 指先を下に向けて伸ばす。単 根

徳島県
人差し指と親指で「L」を作り垂直に構え、親指を2度あごに付ける。

山口県
山の形を描くように、手を口元まで上げる。単 山 
▶ 動きを止めず、人差し指と親指で輪を作り、口元に置く。単 口

愛媛県
左手のひらを下に向け、その下で立てた右手の小指を水平に回す。

香川県

立てた人差し指と中指の先を鼻に近付ける。
🈲香り

▶ 人差し指、中指、薬指の先を前に伸ばし、下げる。
🈲川

福岡県

手をコの字型にし、おなかの前で横に引く。
🈳博多帯

高知県

両手の人差し指と中指を伸ばして交差させる。

▶ 指はそのままで、右手を右前にはらう。

大分県

右手の親指と人差し指で作った輪を、左手の甲の上に乗せる。

宮崎県

両手をななめにし、組み合わせる。🈲宮
🈳神社の屋根

▶ 両手の指先を前に出しながら、中央で付ける。
🈲先

熊本県

両手の親指を横に向け、人差し指を下に向けておなかにあてる。

地名

鹿児島県

人差し指、中指、薬指を立てた手を、顔の横に置く。

頭の横でねじりながら上げる。
参 鹿の角

佐賀県

人差し指を頭にあて、他の4本の指をパッと開く。

長崎県

両手の親指と人差し指を付け、中央で向かい合わせて左右に開く。単 長い

両手の指先を前に出しながら、中央で付ける。単 先

沖縄県

両手の人差し指と中指を立て、頭の横でねじりながら右手は上げ左手は下げる。

日本

両手の親指と人差し指を合わせ、左右に離しながら2本の指を付ける。

アメリカ

両手の先を組み合わせ、左から右へ動かす。
参 星条旗

フランス

親指を胸から弧を描くように下げる。
参 ナポレオンの服の形

地名

地名

イギリス
右手の人差し指と中指を左のほおにあて、あごに沿って右に引く。

イタリア
右手の親指と人差し指を立て、そのまま下げてイタリアの地形を描く。

スペイン
左胸の前に軽くにぎった右手を置き、手首を手前に返す。

ドイツ
人差し指を立てた手を額にあて、前に出す。

ロシア
人差し指をあごにあて、横に動かして下げる。

ヨーロッパ
すべての指先を軽く曲げ、横に引きながら1回転半回す。

カナダ
手をにぎって、胸に2回あてる。

ブラジル
左手をカップを持つようにし、その横で親指と人差し指を立てた右手を回す。

オーストラリア
両手の親指、中指、薬指の先を付け、前に出しながら開く。

ハワイ
両手の手のひらを下に向け、リズミカルに揺らす。
参フラダンス

アフリカ
頭の上から、にぎった手の指を広げながら下げる。

エジプト
両手の人差し指を立てて折り曲げ、他の指はにぎり、胸の前で交差させる。

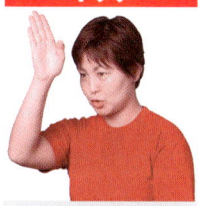

イラク
指をまっすぐ伸ばし、親指側を額に2回あてる。

タイ
人差し指を横に伸ばして鼻にあて、まっすぐ下げる。

インド
立てた親指を額にあてる。参女性が額につける赤い装飾

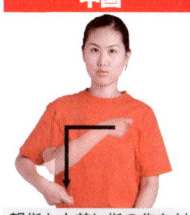

中国
親指と人差し指の先を付け、胸の位置で横に引いて下げる。

韓国
指先を頭にあて、離して目の下にあてる。
参民俗衣裳の帽子

アジア
親指を伸ばして、弧を描くように横に引く。

地名

あいさつ

おはよう
こぶしをこめかみあたりに置く。
そのまま下げる。
同 起きる、朝

こんにちは ※親しい人に
前に向けた手のひらをこめかみあたりにあて、前に出す。

こんばんは
両手を左右に広げて置く。
交差させる。
同 暗い、夜

おやすみなさい
頭を少し横に傾け、こぶしをこめかみあたりにあてる。同 寝る、泊まる

ありがとう
右手を垂直に立て、上に向けた左手の甲に軽くあて上げる。同 感謝、謝礼

すみません
親指と人差し指で眉間をつまむようにし、前に出しながら指を伸ばす。

大丈夫
右手のすべての指先を伸ばし、左から右へと動かす。同 できる、可能

はい、そうです

親指と人差し指を立てる。

2本の指を付けたり、離したりする。
同 同意

元気

両手のこぶしを胸の前あたりで構え、2回下げる。

いいえ、違います

親指と人差し指を立てる。

そのまま半回転させる。

お疲れさま

左手の手首を右手のこぶしで2回叩く。

また会いましょう

こぶしを作って、人差し指と中指を伸ばしながら横に倒す。

両手の人差し指を立てて、左右から寄せる。

さようなら

手のひらを前に向けて、左右に軽く振る。

あいさつ

はじめまして

下に向けた手を持ち上げながら、人差し指以外の先を付ける。

両手の人差し指を左右で構え、そのまま中央に寄せる。

いただきます

両手のひらを合わせる。

よろしくお願いします

こぶしを鼻の前に置く。

そのまま手を開きながら、前に出す。

いらっしゃい

右手の親指以外を軽くにぎり、左手のひらの上に乗せ、手前に引き寄せる。

久しぶり

両手の親指以外の指の背を付ける。

左右に離す。

おめでとう

軽くにぎった両手を勢いよく開きながら上げる。
同 祝う

あいさつ

354

行事

お正月
数字の「1」を両手で作り横に伸ばして上下に構える。 参1月1日から

成人式
人差し指と中指を曲げる。 単数字「20」

両手のひらを前に向けて並べ、親指以外の指を前に折る。 単式

七夕
数字の「7」を両手で作り横に伸ばして上下に構える。 参7月7日から

ひなまつり
数字の「3」を両手で作り横に伸ばして上下に構える。 参3月3日から

両手を胸の前で重ねる。

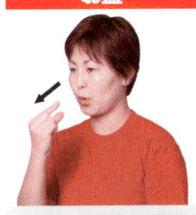

お盆
顔の前で、人差し指と親指をつまみながら前に引く。

クリスマス
両手の人差し指を交差させる。

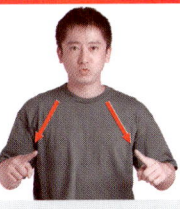

同時にななめ下に引く。

行事

天気・気候

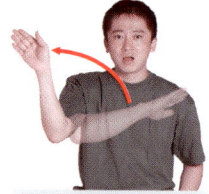

天気
手のひらを前に向け、顔の前で上に向かって弧を描く。 同 空

太陽
指をすぼめて頭の上に置き、少し下げながらパッと開く。

雲
上の方で向かい合わせにした両手を、開閉しながら左右に離す。

晴れ
両手のひらを前に向けて交差させ、左右に開く。 同 明るい、始まる

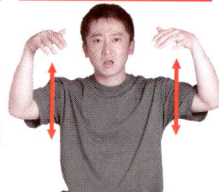

雨
両手の指先を下に向け、同時に上下させる。

雪
両手の親指と人指し指で輪を作り、左右に振りながら下げる。

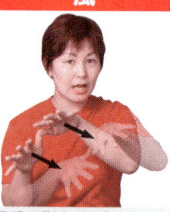

風
両手の指を広げて手のひらを下に向け、ななめ下に2回下げる。

霧
両手のひらを前に向け、左右に振りながら下げる。

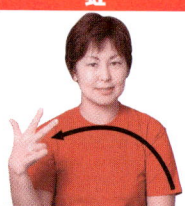

虹
親指、人差し指、中指を伸ばした手で横に大きく弧を描く。

津波
両手を肩より少し後ろの位置に構える。

波の動きを表すように、両手をそのまま体の前に移動させる。

地震
両手のひらを上に向け、前後に動かす。

梅雨
手で筒型を作り、口の端、こめかみと順に置く。

両手の指先を下に向け、胸の前で上下させる。

火事
手のひらを手前に向け、手首をひねりながら上げていく。

台風
両手のひらを前に向け、風を送りこむようにななめ下に振り下ろす。

両手の親指と人差し指を伸ばし、ななめ上に構え、少し横に動かす。

雷
両手の親指と人差し指を付けて頭の横に置き、指を開きながらジグザグに下げる。

天気・気候

暑い

手をにぎり、あおぐように手を2回ほど上下させる。
🔴南、夏

寒い

肩をすぼめ、にぎった両手を胸の前あたりに置き、震わせる。
🔵ふるえる様子から。 🔴冷たい、冬

暖かい

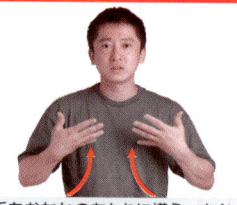

両手をおなかのあたりに構え、すくい上げるように数回手前に引き寄せる。
🔴春

涼しい

両手を肩のあたりに構え、顔に風を送るように数回手前に動かす。
🔴秋

熱い

指先を開いて下に向け、肩に向けて引き上げる。

冷たい

肩をすぼめ、にぎった両手を胸の前あたりに置き、震わせる。
🔴寒い、冬

天気・気候

乾燥

右手の指先を首の左側に付ける。

そのまま右に移動させる。

湿っぽい

両手の指先を少し曲げ、向かい合わせる。

指先を付けたり離したりしながら下げる。

気温

左手のひらに右手の人差し指をあてて、上下に動かす。

湿度

両手の指先を交互に付けたり離したりする。
同 湿っぽい

左手のひらに右手の人差し指をあてて、上下に動かす。 同 気温

天気・気候

索引

「五十音早引き単語集」と「覚えておきたい基本単語集」の見出し語・ポイント・使い方例・参考・同義語・反意語を掲載しています。
（太字は写真付きで紹介しているページ、細字はそれ以外を表します）

*あ

愛 …………………… **16**
あいさつ …………… **16**
相性 ………………… **222**
愛人 ………………… 183
アイスウーロン茶 … 44
アイスコーヒー …… 116
アイスティー ……… 112
愛する ……………… **16**
間 ………… 192、**332**、**333**
愛知県 …………… 16、**344**
会う ………………… **17**
合う ………………… **222**
青 ……………… **17**、**342**
あおぐ … 92、**218**、**280**
青信号 …………… 17、151
青空 ………………… 17
青森県 …………… 17、**342**
赤 ……………… **18**、**337**
赤組 ………………… 104
赤字 ………………… 18
赤信号 ……………… 151
赤ちゃん …………… **18**
赤みそ ……………… 278
赤紫 ………………… 286
明かり ……………… **19**
明かりがつく ……… **19**

上がる ……………… 61
明るい …… **19**、102、
　　　　　　237、356
秋 ………………… **327**、**358**
秋田県 ……………… **342**
あきらめる ………… **79**
飽きる ……………… **20**
アクセサリー ……… **20**
あげる …………… **23**、292
あこがれる ………… 170
朝 …… 229、**330**、**352**
浅い …………… **21**、258
あさって …………… **331**
味 …………………… 21
アジア ……………… **351**
明日 ………………… **331**
味わう ……………… **21**
預かる …………… **22**、292
焦る ………………… **22**
遊び ………………… **23**
遊び疲れ …………… 193
遊び友達 …………… 212
遊ぶ ……………… **23**、**300**
与える ……………… **23**
暖かい …………… **327**、**358**
頭 ………………… **24**、**66**
頭がいい …………… **76**
頭にくる ………… **24**、**282**

熱海 ………………… 69
新しい …………… **25**、262
あたり ……………… **282**
あたり前 …………… **291**
当たる …………… **333**、**334**
あちら ……………… **32**
厚い ……………… **25**、**46**
暑い …………… 92、**218**、
　　　　　280、**327**、**358**
熱い ………………… **358**
厚かましい ………… **25**
あっち ……………… **32**
集まる ……………… **26**
後 …………………… **337**
あなた ……………… **26**
あなたたち ……… 26、**282**
兄 ………………… **27**、**63**
姉 ……………… **27**、40
アパート …………… 189
危ない ……………… **154**
油 …………………… **28**
脂っこい …………… **28**
アフリカ …………… **351**
甘い …………… **28**、85、
　　　　　129、133、**199**
雨傘 ………………… 76
甘口 ………………… 28
甘口ソース ………… 171

360

索引

甘酒	28、127
甘塩	133
甘ずっぱい	159
余り	**231**
余る	**231**
編み物	**166**
編む	**166**
雨	**356**
アメリカ	**349**
アメリカ文学	263
怪しい	**29、48**
誤り	118
歩み寄る	**270**
洗い場	29
洗う	**29**、205
争う	51
表す	**30**
現れる	**30**
有明	19、30
ありがとう	**352**
ある	**30**
歩く	**31**、131
アルバイト	**31**、135
あれ	**32**、123
淡い	**46**
慌てる	**22**
暗記	**65**
安心	154
アンティーク	**262**
案内	145
案内する	**196**

胃	**32**、191
井	**343**
いいえ	**215**
いいえ、違います	**353**
言い訳	**50**
委員	**72**、**114**、220
言う	**33**、43
家	**33**、**77**、143、274
家を建てる	**33**
胃炎	**32**
息苦しい	104
行きつけ	**84**
イギリス	**51**、**350**
行く	**34**、103
(飛行機で)行く	**249**
育児	**168**
胃薬	32、99
いくつ	**34**
居酒屋	**35**
石	**342**、**343**
石川県	**343**
意識	**24**、**66**
いじめ	**37**
いじめる	**37**
医者	**35**
いじわる	312
イス	**36**、**164**
以前	**337**
磯	**71**
忙しい	**36**、253

磯釣り	195
痛い	**37、79**
いたずら	**37**
いただきます	**354**
痛み止め	37、189
イタリア	**350**
1月	**328**
1時間延長	**55**
一度	**38**
一番	**38**
一部	**38**
胃腸	191
いつ	**38**、230
胃痛	32、37
1ヵ月	**333**
1週間	**332**
いとこ	**39**
いない	42
イヌ	**341**
イノシシ	**341**
茨城県	**344**
いばる	**138**
イベント	**39**
イベント会社	**39**
居間	**40**、42
今	**331**、**332**、**333**、**334**
意味	206
妹	27、**40**
胃もたれ	32、65
イヤ	**41**

嫌がる …………**41**	歌 ……………**47**	衛生 …………96
イヤリング …**280**	歌う …………**47**	エイプリルフール …**47**
依頼…………**64**	疑う ………**29、48**	笑顔 …………**312**
イライラ ……**41**	打ち合わせ…132、**171**	駅 ……………**52**
イラク ………**351**	うちわ…92、**218、280**	駅前 …………52
いらっしゃい………**354**	美しい ………**96**	エジプト ……**351**
いらっしゃいませ…**207**	移す …………**48**	エスカレーター …**52**
入り口 ……**42**、100	腕時計 ………**330**	エスカレーターで上がる
医療………**35、253**	雨天順延 …55、233	……………**52**
いる ………**40、42**	うどん ………**304**	エスカレーターで下りる
入れる ………**224**	ウマ …………**341**	……………52
祝う ……**263、354**	生まれる …**49、184**	愛媛県 ………**347**
岩手県 ………**342**	海 ……………**49**	Mサイズ ……125
言われる …**33、43**	海釣り …………195	偉い ……**160、161**
飲酒 …………**35**	海の日 ………**49**	選ぶ …………**53**
インターネット …**43**	海開き ………**49**	エリア ………**300**
引退 …………**299**	産む ……**49、184**	得る …………**53**
インド ………**351**	右翼 …………277	エレベーター …**54**
ウイスキー…**44**、309	裏切る ………**50**	エレベーターガール…54
ウーロン茶 …**44**	うらやましい …**50**	エレベーターで上がる
上…**45、136、146**	うらやむ ……**50**	……………**54**
上田 …………45	売り切れ ……46	エレベーターで下りる
動く …………**45**	うれしい…**93、181、**	……………54
ウサギ ………**340**	**245**	絵を描く ……**250**
ウシ …………**340**	運転 …………**138**	円 ……………**54**
失う …………**46**	運動会 ………**51**	円（丸い）……54
薄い ……**25、46**	運動靴 …101、176	宴会 …………**234**
薄口しょうゆ……148	絵 ……………**250**	延期 …………**55**
薄緑 ……46、279	営業 …………**107**	演劇 …………**213**
薄紫 …………286	英語 …………**51**	演劇ホール ……268
うそ ……**47**、271	エイズ ………254	演じる ………**213**

索引

円高 ……………54	おごる …………**59**	叔母 …40、188、244
延長 ……………**55**	幼なじみ ………**59**	おばさん ……60、**64**
延長戦 ……55、132	伯父 …27、188、244	おはよう ……16、229、
鉛筆 ……………**75**	叔父 ……………63	**330、352**
鉛筆削り ………216	教える ……60、**168**	オプション………191
円安 ………54、296	おじさん ……**60**、64	覚える …………**65**
おい …**55**、284、288	お正月 …………**355**	お盆 ……………**355**
おいしい ……17、**56**、	遅い ……………**187**	おめでとう…25、**263**、
164、272	教わる …………**60**	354
追う ……………**56**	お台場 …………198	重い ……**65**、86、**346**
大分県 …………**348**	お楽しみに …93、275	思いやり ……66、296
大きい ……**57**、186	落ち込む ………**61**	思う …**24、66**、88
OK ………………**57**	落ち着く ………22	重さ ……………**65**
大阪駅 …………52	お茶 ……………**61**	おもしろい …**66**、163
大阪府 …………**346**	お茶ブーム …61、245	おもちゃ ………**67**
オーストラリア …**350**	お茶をいれる ……**62**	おやすみなさい …**352**
オープン ………**237**	お疲れさま ……**353**	泳ぐ ……**154、256**
公 ………………**114**	夫 ……………**62**、194	降りる ……**67**、232
お買い得 ………208	お通夜 …………170	折る ……………**119**
おかしい ……**29、48**	お釣り …………**231**	オレンジ ………**68**
お金 ………**58、336**	弟 ……………27、**63**	終わり …………**68**
拝む ……………**170**	男 ……**35、86、188**	男湯 …………185
岡山県 …………**347**	男達 ……………**185**	終わる …………**68**
沖縄県 …………**349**	男湯 ……………185	追われる ………56
起きる ……**330、352**	落とす …………160	音楽 ……………**69**
億 ………………**326**	おととい ………**331**	音楽室 …………69
送る ……………**196**	大人 ……………**63**	温泉 ……………**69**
遅れる …………**187**	同い年 …………**206**	温泉街 ……69、274
行う ……………**163**	同じ ……………**205**	温泉卵 …………182
怒りっぽい ……**58**	お願い …………**64**	女 ……………**82、244**
怒る ……………**58**	伯母 ……………27	女社長 …………140
		女友達 …………212

363

*か

- カード……**70**
- 〜階……**70**
- 会……**51**
- 絵画……**250**
- 海外……**71**
- 海外在住……42
- 海外旅行……**71**
- 海岸……**71**
- 会議……132、**171**
- 介護……**168**
- 外国……**71**
- 改札……**52**
- 開始……**237**
- 会社……23、**72**、**140**
- 外車……138
- 会社員……**72**
- 外出……199、203
- 外出中……33
- 階段……**72**
- 階段を下りる……72
- 回転寿司…130、159
- 解答……119
- 街灯……19
- 解答用紙……83
- 〜回目……**287**
- 買い物……**73**
- 買い物をする……**156**
- 買う……**73**
- 返す……**23**
- かえる……**73**
- 顔……**74**、94
- 香り……**348**
- 掲げる……**30**
- かかる……**74**、**252**
- 香川県……**348**
- 下級生……**113**
- 書く……**75**
- 学生……**75**
- 確認する……**111**、**150**
- 鹿児島県……**349**
- 傘……**76**
- 菓子……250
- 火事……**357**
- 賢い……**76**
- 賢くない……76
- 数……**155**
- 風邪……**77**
- 風……**356**
- 風邪薬……77、99
- 家族……33、**77**
- 肩……**78**、**79**
- かたい……**78**、299
- 肩こり……**79**
- 片付け……**166**
- 片付ける……192、**209**
- カタログ……**210**
- 価値……98
- 〜月……**336**
- がっかり…68、**79**、129
- かっこいい……**80**
- 学校……**80**、**146**、**189**、**263**、**266**
- 活動……**45**
- 活動中……45
- 活発……**45**
- カップル…197、**256**
- 活躍……**45**
- 家庭……226
- 家庭料理……307
- 神奈川県……**344**
- 悲しい……**81**
- カナダ……**350**
- 必ず……**294**、**304**
- 可能……**81**、**352**
- 彼女……**82**
- 構わない……**82**
- 我慢する……**177**
- 紙……**83**
- 神……**344**
- 雷……**357**
- 髪の毛……**83**
- かゆい……**84**
- かゆみ止め薬……84
- 通う……**84**
- 火曜日……**336**
- 〜から……**85**
- 辛い……28、**85**、199、222
- からかう……37
- 辛口……85

索引

辛口ソース …… 171	韓国 …………… **351**	きっと …… **294**、**304**
体 ………… 100、**113**	看護師 ………… **89**	切符 ……………… **52**
仮 …………… **31**、**181**	感じ入る …… **88**、**114**	気に入った ……… 57
仮に ………… **31**、**181**	感謝 …………… **352**	気にかかる ……… **93**
軽い ………… 65、**86**	感情 ………… **88**、**114**	昨日 …………… **331**
彼 ……………… **86**	感じる ……… **24**、**66**	忌引 …………… 170
カレー ……… **85**、222	感心 ………… **88**、**114**	岐阜県 ………… **345**
彼氏 …………… **86**	乾燥 ………… 46、**359**	気分 …………… **94**
河 ………… **87**、278	簡単 …………… **295**	希望… **136**、**156**、**269**
皮 ………… **223**、**259**	感動 …… 41、**88**、**114**	期末テスト …… 134
川 ………… **87**、**343**、	乾杯 ………… **89**、**234**	黄身 …………… **90**
344、**348**	乾パン ………… 247	黄緑 ………… **90**、**279**
川遊び ………… 87	木 ………… **90**、**336**	義務 …………… **134**
河合 …………… 87	黄色 …………… **90**	木村 …………… **90**
かわいい …… **87**、120	消える ………… **46**	決める ………… 159
かわいがる …… **87**	記憶 …………… 65	気持ち ………… **94**
かわいそう …… **81**	気温 …………… **359**	気持ち悪い …… 312
川上 …………… 45	気が大きい …… **91**	疑問 ………… **29**、**48**
乾く …………… **46**	気が小さい …… **91**	疑問文 ………… 48
川魚 …………… 127	企業 …………… **72**	客 ……………… **94**
川釣り ………… 87	聞く …………… **91**	客室乗務員 …… 249
代わる ………… **73**	危険 ………… 97、**154**	キャッシュカード… 70、**98**
〜館 …………… **202**	既婚 ……… 68、110	キャベツ ……… 295
眼科医 ………… 35	傷 ………… **92**、**109**	キャンセル **213**、**304**
考える ……… 66、**88**	競う …………… **51**	休暇 …………… 218
感覚 ………… **24**、**66**	偽装 …………… 183	救急車 ……… **95**、**243**
眼科検査 … 111、150	北 ………… **92**、280	休日… 218、**335**、**337**
感激 ………… **88**、**114**	期待 …… **93**、181、275	球場 …………… 293
頑固 ………… 24、**78**	北区 ………… **92**、98	球団 …………… 293
観光 …………… **126**	北口 …………… **92**	牛肉 …………… 223
観光バス ……… 238	喫茶店 ………… 116	給料 …………… **95**

給料日 …………**95**	空港内レストラン …99	苦しい …………**104**
今日 …………**331**	9月 …………**329**	車で日帰り …**105**
教育 …………**168**	草 …………**279**、293	グルメ …………149
教室 ……………265	臭い ……………243	グレー …………**340**
行政 …………**165**	くしゃみ ………77	黒 …………**105**、150
競争 …………**134**	薬 …………**99**、**297**	黒砂糖 …………129
兄弟 …………27、63	果物 …………**100**	黒ビール ………248
京都府 ……224、**346**	下り坂 …………**61**	黒豚肉 …………259
協力 …………**201**	口 …**100**、232、**347**	加える …………**106**
拒絶 …………**121**	靴 ……………**101**	群馬県 …**341**、**343**
去年 …………**334**	クッキー ………250	経営 …………**107**
拒否 …………**121**	熊本県 …………**348**	警戒する ………**97**
嫌い …………**41**、156	区民 ……………98	計画 …………**303**
霧 ……………**356**	雲 ……………**356**	経過 …………**305**
切る …**96**、236、264	区役所 ……98、294	景気 …………**107**
着る ……………227	悔しい …………**101**	経験 …………**106**、221
きれい …………**96**	くらい …………**102**、	経験を積む ……106
キロ ……………**97**	173、**337**	蛍光灯 …………19
記録 …………**75**	暗い …19、**102**、	経済 …………**107**
キログラム ……103	**139**、242、	経済ニュース ……225
気をつける ……**97**	330、352	警察 …………**107**、243
銀行 …………**98**	倉敷 ……………17	警察官 …………107
銀行員 …………98	クラス …………**104**	警察署 …107、238
禁止 …………180	クラブ …………**104**	計算 …………155
緊張 …………**208**	クラブ活動 ……104	軽自動車 ……86、138
金融 …………58、107	比べる …………103	軽食 ……………86
金曜日 ……**58**、**336**	グラム …………103	携帯電話 ………**204**
区 …………**98**、131	栗 ……………**188**	携帯メール ……204
クイズ …………245	クリスマス ……**355**	競馬 …………**341**
食い逃げ ………223	来る …………**103**	警報 ……………154
空港 …………**99**、249	グループ ………**104**	契約 …………**214**

索引

経歴 …………**305**	検査 ……**111、150**	公務員 ………**114**
ケーキ ………**108**	現在 ……**331、332、**	後楽園遊園地 ……300
ゲーム ……**23、108**	**333、334**	行楽地 …………181
ゲームセンター ……23	剣道 ……………142	高齢者 ………**115**
けが **92、109、143**	故意 ……………**47**	高齢者介護 ……115
劇場 ……………268	(色や化粧が)濃い…**242**	超える …………187
激怒 ………………58	恋 ………………**305**	コート ……**115、166**
景色 ……………282	コインパーキング 190	コーヒー …**112、116**
化粧 ……………**109**	公園 ………23、114	コーヒーミルク …281
化粧室 …………109	豪華 ……**160、161**	コーラ …………**116**
化粧水 …………109	高級 ……**160、161**	氷 ………………**117**
削る ……………**216**	高級スーパー ……156	氷水 ………117、278
血液 ……………**185**	高級デパート ……202	ゴールデンウィーク
血液型 …………**185**	高級マンション	………………**117**
血液検査 …**111、185**	…………160、276	誤解 ……………**118**
結果 ……………195	好景気 …………107	5月 ……………**328**
欠勤 ……………135	高校 ……………**112**	国語 ……………**118**
結婚 ……………**110**	高校教師 ………112	国際 ………………**71**
結婚式 …………110	高校生 ………75、112	国際(的) …………**43**
結婚相談所 ……171	校舎 ………………80	告知 ……………**119**
結婚パーティー …234	交替 ………………**73**	告白 ……………**119**
月曜日 …………**336**	高知県 …………**348**	黒板 ………75、105
けど ……**110、202**	紅茶 ……**112、116**	国立大学 ………175
蹴る ……………**111**	好調 ……………**113**	国立美術館 ……250
けれども ………**202**	交通事故 ………**135**	午後 ……………**330**
券 ………………**70**	肯定 ……………**279**	心 ………………**94**
県 ………………**165**	後輩 **113、169、206**	心苦しい ………104
見学 ……………**126**	紅白 ……………150	五十肩 ……………79
元気 **45、163、353**	幸福 ……………**132**	故障 ……………**119**
現金 ………58、271	興奮 ……**88、114**	個人 ……………311
献血 ………23、185	公務 ……………**114**	答えがくる ……119

367

答える …………119	壊れる …………**119**	佐賀県 …………**349**
ごちゃごちゃ …**36**	今月 …………**333**	探す ………111、**126**
こちら …………**123**	コンサート ………**69**	魚 ……………**127**
国家公務員 ……114	今週 …………**332**	下がる ……………**61**
骨折 ………119、270	今度 …………**337**	先 …………**348**、**349**
今年 …………**334**	困難 ……**198**、**284**	咲く …………**244**
言葉 …………**120**	こんにちは …**16**、**352**	酒 ……………**127**
子ども ……**18**、**120**	こんばんは…**16**、**102**、	誘う …………**128**
子ども料金 ……120	**139**、**330**、**352**	誘われる ………128
断られる ………121	コンビニ ………**124**	サッカー …………**128**
断る …………**121**	婚約 ……………294	錯覚 …………118
粉 ……………**336**		雑誌 …………**210**
粉砂糖 …………129		さっぱり …………**96**
この …………**123**	**✳さ**	砂糖 ……**28**、**129**、
この前 …………290		**133**、**199**
好み ………136、269	サークル ………**124**	佐藤 ……**28**、**129**、
ご飯 ……**122**、**149**、	サービス ………**168**	**133**、**199**
182、247	〜歳 …………**230**	さびしい ……**79**、**129**
コピーする…**121**、308	最近 …………102	サボる …………**223**
コピー用紙 ………83	最後 …………**126**	寒い ………**327**、**358**
ごまかす ………**183**	最高 ………**125**、**126**	さようなら ……**353**
ごますり ………**278**	祭日 …………**337**	左翼 …………251
困る …………**122**	最初 …………**237**	皿 ……………**130**
ゴミ …………**303**	最上 …………**125**	サラダ …………**295**
米 ……………**122**	サイズ …………**125**	さらに …………273
ゴルフ …………**123**	埼玉県 …………**343**	サル …………**341**
ゴルフサークル …124	(〜している)最中	3月 …………**328**
ゴルフ場 ………**123**	**189**、**338**	残金 …………231
これ ………**32**、**123**	最低 ………**125**、**126**	サングラス ……**289**
〜ころ	採用 ……………**53**	散策 …………131
…**102**、173、**337**	サイン ……………**75**	算数 …………**155**

索引

サンドイッチ……247	指揮…………**69**	室内照明………19
残念………**130**	式…**172、224、355**	失敗…**130、137**
散髪………83、96	指揮者………69	質問する………**200**
散歩………**131**	試験………**134**	失恋………246
山脈………298	試験勉強………266	～してください……**64**
市………98、**131**	事故………**135**	～してもいいですか？
詩………**131**	事故現場………135	…………**82**
司………**146**	仕事…**31、135、**	自転車…**137**、235
～時………**330**	**141、194**	指導………**168**
試合……**132**、171	事実………**271**	自動車…**105、138、**
試合中止………189	試食………183	238
幸せ…**132、136、**	自信………**153**	～しなければならない
259、269、**343**	地震………**357**	…………**252**
幸せ太り………132	自信を持つ………153	芝居………**213**
ジーパン………**133**	静岡県………**345**	芝生………**279**
自営………107	システムキッチン…176	耳鼻科………243、280
市営バス………131	下………**136**	渋い………**85**、222
Jリーグ………128	～した…………**68**	司法………**146**
塩………**133、222**	～したい………**136、**	脂肪………28
塩ラーメン………133	**156、269**	島………**344、347**
～しか………**179**	親しい………212	姉妹………27、40
司会………**146**	下町………274	しまった………105、
四角………83	下見………136	122、137
滋賀県………**345**	7月………**329**	島根県………**347**
しかし…**110、202**	試着………183	自慢する………**138**
仕方………**267**	室………**265**	自慢話………138
仕方ない………**134**	実行………**163**	地味…**102、139**、242
4月………**328**	実行委員会………163	市民………131
4月2日………**330**	実際………**271**	示す………**30**
叱る………180	知っている………**311**	湿っぽい………**359**
時間…**233、330**	湿度………**359**	下田………136

社員証 ……………72	十分 …………… **146**	紹介者 …………145
社会 ……………**139**	週末 …………… **335**	紹介料 …………145
社会勉強 ………139	住民税 …………147	小学校 …………**146**
市役所 ……131、294	授業…**80**、**189**、**266**	上級生 …………**169**
ジャケット………**155**	祝日 …………… **337**	証拠 ……………303
写真 ……………**140**	宿題 …………… **142**	焼香 ……………**170**
写真集 …………140	手術 …………… **143**	上司 …………45、**146**
社長 ……………**140**	手術室 …………143	正直 ……………**180**
社長更迭 ………140	手段 …………… **267**	招待 ……………**128**
社長室 …………140	出産 …**49**、**184**、226	承知 ……………**311**
シャツ …………**197**	出身 ………**49**、**184**	小腸 ……………191
しゃぶしゃぶ………157	出身地 …………184	常套手段 ………267
謝礼 ……………**352**	出席する …**36**、**164**	小児科医 …………35
じゃんけん ………236	10センチメートル…169	商売 ……………**202**
シャンハイ ……45、49	主婦 …………… **143**	消費 ……………**192**
11月 ……………**329**	主夫 ……………143	消費税 ……**147**、192
10月 ……………**329**	主婦の友 ………143	丈夫 ……………**78**
宗教 ……………**170**	趣味 …………… **144**	消防車 …………147
集合 ………………**26**	手話 …………… **144**	消防署 ……107、**147**
集合時間 …………26	手話サークル…124、144	証明 ……………303
集合場所 …………26	手話ニュース ……225	正面衝突 ………**135**
住所 ………………33	手話表現 …………30	しょうゆ……**148**、171
就職 ……………**141**	順調 …………… **145**	しょうゆラーメン…304
就職活動 ……45、141	準備 …………… **166**	常連 ………………94
就職難 …………141	～所 …………**40**、**238**	昭和 ……………**339**
ジュース ………116	省 ……………… **165**	ジョギング ……**148**
渋滞 ……………**141**	～症 ……………254	職業 …**31**、**135**、**141**
終電 ………204、276	使用 …………… **192**	食事 ………**149**、**182**
柔道 ……………**142**	～場 …………**40**、**238**	食卓 ……………198
柔道着 …………142	紹介 …………… **145**	食通 ……………149
12月 ……………**329**	障害 …………… 119	食品 ……………**149**

索引

女子トイレ……… 205	親戚 ……… **153**	スキー場 ……… 157
女性 ……… **149**	新鮮 ……… **25**	スキー上級者 …… 157
女性教師 ……… 168	心臓 ……… 285	スキー初心者 …… 157
女性誌 ……… 149	新体操 ……… 176	スキー旅行 ……… 157
ショッピングセンター 73	新年会 ……… 25	すき焼き ……… **157**
所得税 ……… 147	心配 ……… **154**	すき焼き鍋… 157、219
書類 ……… 83	シンプル ……… **295**	すぐ ……… 158、**338**
知らない ……… **310**	新聞 ……… 225	少ない ……… **158**
調べる… 111、126、**150**	新米 ……… 122	スクリーン ……… **203**
知る ……… **311**	親友 ……… 212	すごい ……… **158**
白 ……… 18、105、**150**	信用 ……… **153**	すごく珍しい …… 289
城 ……… **343**	信用金庫 …… 98、153	少し ……… **158**
白黒 ……… 105、150	信頼 ……… **153**	寿司 ……… **159**
白みそ ……… 278	診療 ……… **152**	涼しい ……… **327、358**
深海 ……… 258	心労 ……… 193	頭痛 ……… 24、37
深海魚 ……… 258	酢 ……… 159	すっぱい ……… **159**
新幹線 ……… **151**	水泳 ……… **154、256**	捨てイヌ ……… 160
新曲 ……… 25、47	水分 ……… **278、336**	すてき ……… **96、160、161**
信号 ……… **151**	睡眠 ……… **152、229**	
信号機故障 ……… 151	睡眠時間 ……… 229	捨てる ……… **160**、299
信号待ち ……… 151	水曜日 49、**278、336**	ストーカー ……… **56**
診察券 ……… 152	数学 ……… **155**	ストレートパーマ … 234
診察室 ……… 152	数字 ……… **155**	ストレス ……… **161**
診察する ……… 152	スーツ ……… **155**	ストレス解消法 … 161
診察日 ……… 152	スーパーマーケット ……… **156**	ストレスがなくなる ……… 161
診察を受ける …… **152**	スープ ……… **162**	砂 ……… **336**
寝室 ……… **152**	スープを飲む …… **162**	素直 ……… **180**
真実 ……… **271**	頭がい骨 ……… 270	スパゲティ ……… **240**
紳士服 ……… 185	好き … **136、156、269**	すばらしい **160、161**
信じられない ……… 153	スキー ……… **157**	スピーチ ……… **120**
信じる ……… **153**		

371

スプーン …………**162**	政府 ……………**165**	宣伝 ……………**119**
スプリングコート …115	整理券 …………166	先輩…113、**169**、206
スペイン ………**350**	整理する ………**166**	せんべい ………250
スポーツ ………**162**	セーター ………**166**	羨望する ………**50**
スポーツイベント …39	世界 ……………**71**	線路 ……………261
スポーツクラブ …162	世界史 …………307	そう ……………**205**
すみません ……**352**	席 ………**36**、**164**	総会 ……………195
住む………**40**、**42**	せき ……………**77**	総合 ……………**195**
スムーズ …144、**145**	せき止め ………77	総合病院 ………253
相撲 ……………**163**	責任 ……………**167**	葬式 ……………**170**
する ……………**163**	責任者 …………167	想像 ……………**170**
ずるい …………**164**	赤飯 ……………122	相談 ……132、**171**
ずる賢い …76、164	石油 ……………28	ソース …………**171**
座る ……**36**、**164**	席料 ……………36	育てる …………**168**
姓 ………………**220**	設計 ……………303	卒業 ……………**172**
税金 ……………**147**	節約 ……………**208**	卒業式 …………**172**
清潔 ……………96	瀬戸大橋 ………236	卒業証書 ………172
成功 ……………137	狭い ……**167**、254	卒業生 ……75、172
政治 ……………**165**	世話 ……**89**、**168**	卒業パーティー …234
政治家 …………165	～線 ……………**204**	その他 …………**269**
政治活動 ………165	1000 …………**325**	その場合 ………233
成人 ……………**63**	善悪 ……………301	そば ……………**304**
成人式 …………**355**	全員 ……………**282**	ソバージュ ……234
成人料金 ………63	全員集合 ………282	祖父 ……………**172**
ぜいたく ………**165**	先日 ……………**337**	(ゲームなどの)ソフト
成長 ……………**63**	先週 ……………**332**	………**296**、**299**
(～の)せいで ……**167**	先生 ……………**168**	祖母 ……………**173**
生徒 ……………**75**	戦争 ……………293	空 ………………**356**
制度 ……………**166**	洗濯 ……………**29**	そろそろ ………**173**
生徒会 …………75	選択 ……………**53**	損 ………………208
青年 ……………**310**	センチメートル…97、**169**	存在 ……**40**、**42**

索引

＊た

田 …………… **174**
タイ ………243、**351**
台 …………… **198**
体育 ………… **176**
体育館 ………… 176
退院 ………… 265
ダイエット… **174**、**297**
ダイエット中 …… 174
体温 ………… **175**
体温計 ………… **175**
体温をはかる …… **175**
大学 ………… **175**
大学生 ……75、**175**
大学病院 ……… 253
待機 ………… **275**
体験 ………… **106**
体験ダイビング … 177
大事 ……… **16**、164
退場 ………… **261**
大丈夫 ……**81**、**352**
退職 ………… 299
大切 ……… **16**、164
体操 ………… **176**
体操服 ………… 176
だいたい ……… **102**、
　　　　　　173、**337**
大正 ………… **339**
大腸 ………… 191

体調が悪い ……… 312
大腸検査 ……… 191
台所 …… **176**、307
第2 …………… 274
ダイビング ……… 154、
　　　　　　177、256
台風 ………… **357**
大変 ………… **211**
太陽 ………… **356**
代理 …………… **73**
大陸 ………… 226
耐える ………… **177**
だが ……… 110、**202**
高い ………… **178**
(値段が)高い…58、296
(背が)高い …**63**、249
高田 ………… 178
耕す ……… 174、**230**
タクシー ……… **178**
タクシー運転手 … 178
たくましい …… **179**
〜だけ ………… **179**
〜だけではない … 179
確かに ………… **271**
確かめる …111、**150**
助けられる ……… 201
助ける ………… **201**
尋ねる ………… **200**
叩く …………… **180**
正しい ………… **180**
立ちくらみ ……… 290

立ち見 ………… 281
立つ ………… 131
タツ(辰) ……… **340**
脱衣室 ………… 227
脱衣所 ………… 227
脱出 ………… **223**
建物 …… **202**、**210**、
　　　　　253、**276**
たとえ ……… **31**、181
たとえば …… **31**、181
七夕 ………… **355**
楽しい …**93**、181、**245**
楽しみ …… **181**、**245**
頼む …………… **64**
ダブルベッド …… 265
たぶん ………… **170**
食べ歩き
　……… 31、149、182
食べる …… **149**、**182**
卵 …………… **182**
だまされる ……… 183
だます ………… **183**
たまに ………… **337**
(〜の)ため…**333**、**334**
ダメ …… 180、**312**
試す …… **183**、287
誰 …………… **184**
短期大学 … 175、277
短時間 ………… 277
男子校 ………… 185
単純 ………… **295**

373

誕生 …………**49、184**	中辛 ……………85	付け足す ………**106**
誕生花 …………184	中華料理 ………307	伝える …………**119**
誕生日 …49、**184**	中国 ……………**351**	続ける …………**78**
男性 ……149、**185**	中止 ……………**189**	津波 ……………**357**
団体 ……………**104**	注射 ……………**190**	妻 ………… 62、**194**
団体競技 ………104	駐車 ……………190	つまり …………**195**
担当 ……………**167**	駐車場 …………**190**	爪 ………………196
タンポポ ………90	注文する ………**191**	冷たい ……**327、358**
血 ………………**185**	腸 ………………**191**	(〜する)つもり …**303**
小さい…57、**186、249**	長 ………………**140**	梅雨 ……………**357**
チーズバーガー …247	兆 ………………**326**	強い ……………179
チーム …………**104**	長期休暇 ………217	釣り ……………**195**
地下 ……………187	調査 ……**111、150**	連れて行く ……**196**
近い ……………**277**	調査依頼 ………150	手 ………**196、342**
違う ……………**186**	調子がくるう 158	手編み …………196
地下鉄 ……**187、204**	聴者 ……………309	Tシャツ …133、**197**
地球 ……………**71**	ちょうど ………**192**	低下 ……………**61**
チキンピザ ……250	ちょうどよい …**222**	提供 ……………**23**
チケット ………**70**	ちょっと ………**158**	低木 ……………249
遅刻 ……………**187**	ちょっと前……290	手打ちそば…**194、**196
地図 ……………179	治療 ……………**152**	デート ……**197、**256
父 ………**188、**244	ついに …………**298**	テーブル …………**198**
千葉県 …………**344**	通学 ……………84	テーマ …………**120**
茶色 ……………**188**	通勤 ……………84	手遅れ …………196
茶髪 …………83、188	使い捨て ………160	出かける ………**203**
ちゃんこ鍋…163、219	使う…**147、**165、**192**	手紙 ……………**300**
中 ………**189、338**	疲れる …………**193**	〜的 ……………**222**
注意 ……………**97**	次 ………………**193**	できない ………81、**198、284**
注意する ………**97**	付き合い ………107	
中央線 …………204	机 ………………**198**	できる…**81、198、352**
中学校 ………80、**189**	作る …119、135、**194**	出口 …42、**199、**203

索引

デザート …28、**129**、133、**199**	伝言 …**119**	どうやって …**207**
デザートナイフ……216	天才 …**76**	童謡 …47、120
デザートフォーク…257	電車 …**204**	都営地下鉄 …187
デザイン …303	電車通勤 …204	都営バス …238
手品 …**200**	伝統 …**307**	(～の)とき…233、**337**
～でしょう？(確認) …**205**	天秤 …103	ときどき …**337**
～ですか …**200**	展望台 …217	ドキドキ …**208**
テスト …**134**	電話 …**204**	得 …**208**
手立て …**267**	電話注文 …191	得意 …207
手作り …194、196	電話料金 …204	徳島県 …**347**
手伝う …**201**	ドイツ …**350**	読書 …**209**
出て行け …**261**	トイレ …117、190、**205**	得する …**53**
デニーズ …201	どう …**219**	どこ …**219**
テニス …**201**	同意 …**205**、**353**	ところで …**209**
デパート …**202**	どういたしまして …**82**	登山 …**210**、298
デビットカード …70	東海 …49、248	登山サークル …210
でも …**110**、**202**	東海村 …286	年(とし) …**230**
テラス …**226**	同期 …**206**	年上 …**169**
出る …**203**	同級生 …**206**	年頃 …102
テレビ …**203**	東京都 …248、**344**	年下 …**113**
テレビゲーム …**203**	東西 …224	図書館 …**210**
テレビドラマ…**213**	答辞 …172	トス …**246**
テレビに出る …**203**	どうした …**219**	栃木県 …**343**
手を洗う …29	どうして …**206**	途中 …276
田園 …174	当然 …**291**	どちら …**211**、**212**
天気 …**356**	どうぞ …**207**	鳥取県 …**346**
電気 …19、151	逃走 …**223**	とても …**211**
電気がつく …**19**	同窓 …**206**	とても怒っている …58
天狗になる …301	東南アジア …280	とても困る …122
	動物 …238	隣 …**193**
	東北 …92、248	とにかく …**211**、**212**

徒歩 …………**31、131**	長崎県 …………**349**	苦い …………**133、222**
泊まる ……………**352**	長電話 ……………217	2月 ………………**328**
止める ……………**189**	なかなか ……110、202	肉 …101、**223、259**
友達 ………………**212**	長野県 ……………**345**	肉親 ……**172、173、**
富山県 ……………**345**	仲間 ………………212	**188、244、306**
土曜日 ……………**336**	眺める ……………**217**	逃げる ……………**223**
トラ ………………**340**	流れ ………………**305**	西 …………**224、**248
ドライブ …………**138**	泣く ……**81、**221、312	虹 …………………**356**
ドラマ ……………**213**	なくなる ……………**46**	西海岸 …………71、224
トリ ………………**341**	名古屋 ……………**343**	西田 ………………224
取り上げる …………**53**	なぜ ………………**206**	西村 ………………224
取り消す …………**213**	夏 …92、**218、280、**	24時間営業 ……**124**
トリ肉 ……………223	**327、358**	日曜日 ……18、**337**
取引 ………………**214**	夏休み ……………**218**	日射病 ……………290
取引会社 …………214	ななめ ……………**218**	日本 ………………**349**
取引方法 …………214	何 …………………**219**	日本史 ……………307
取る …………53、**346**	鍋 …………………**219**	日本酒 ……………127
トンカツ …………259	名前 ………………**220**	日本手話 …………144
	生ビール …………248	日本文学 …………263
	波 ……………………**71**	入院 ………………265
な	涙 ……………………**81**	入学 …………………42
	習う …………………**60**	入学式 ……………**224**
ない① ……………**214**	奈良県 ……………**345**	入学試験 …………224
ない② ……………**215**	なるほど …90、**220、**	ニュース …………**225**
ない③ ……………**215**	**264**	にらみ合う ………225
ない④ ……………**216**	慣れる ……**106、221**	にらむ ……………**225**
ナイフ ……………**216**	何時 ………………**221**	似る ………………**153**
治る …………………**46**	似合う ……………**222**	庭 …………………**226**
長い ………**217、277、**	似合わない ………222	庭先 ………………**226**
345、349	新潟県 ……………**342**	忍者 ………………200
長さ ………………**217**	新妻 ………………194	妊娠 ………………**226**

索引

妊娠検査薬	226
任務	**167**
脱ぐ	**227**
盗まれる	227
盗む	**227**
根	**347**
ねえ	**228**
願う	**64**
値下がり	296
ネズミ	**340**
値段	**58**、**336**
熱	175、**228**
熱がある	76、**228**
熱が上がる	**228**
ネックレス	**20**
ネットショッピング	43
値引き	296
寝坊	**229**
眠い	**152**、**229**
眠気防止	229
眠る	**152**、**229**
眠れない	229
寝る	**152**、**352**
年（ねん）	**333**、**334**
〜年間	**333**
年金	58
年齢	34、**230**
農家	230
農学	230
農業	174、**230**
農業大学	230
農林	230、293
ノート	**210**
ノートパソコン	241
残り	**231**
残り時間	231
残る	**231**
のし袋	**268**
伸びる	**217**
登る	**210**
飲み会	231
飲み物	**231**
飲む	**231**
乗り降り	232
乗り方	267
乗り場	232
乗り物	**36**、**164**
乗る	**36**、67、**164**、**232**
のんびり	**253**

*は

歯	**232**、**283**
場合	**233**、**337**
バースデーケーキ	108
パーセント	**233**
パーティー	89、**234**
パーマ	83、**234**
はい、そうです	**205**、**353**
バイク	137、**235**
バイク仲間	235
歯医者	35、232
歯痛	232
売買	**202**
入る	**141**、**224**
ばかり	**235**
はかる	**111**、**150**
吐く	**272**
激しい	**211**
はさみ	**236**
橋	**236**
恥	**239**
始まる	**19**、**237**、**356**
初めて	**237**
はじめまして	**237**、**354**
始める	**19**
橋本	236
場所	**35**、**40**、**99**、**147**、**152**、**176**、**238**、**294**、**297**、**300**、**302**、**308**
場所代	238
走る	148
バス	**238**、**240**
恥ずかしい	**239**
バスケットボール	**239**、**246**
パスタ	**240**、**257**

377

バス停 ……………**240**	浜……………………**71**	比較 ………………103
外れる ……………**241**	浜辺………………**71**	日傘 ………………76
パソコン …………**241**	早足で歩く …………31	東 ……………224、**248**
畑 …………174、**230**	早い ………………187	東海岸 ………71、248
畑仕事 ……………**230**	速い ………………187	東山 ………………248
20歳………………230	林 …………………**293**	低い ………178、**249**
働く …31、**135**、**141**	流行る ……………**245**	飛行機 ……**99**、**249**
8月 ………………**329**	バラエティー	ピザ ………………**250**
パチスロ …………242	…………**181**、**245**	久しぶり …………**354**
パチンコ …………**242**	パラソル …………**76**	美術 ………………**250**
パチンコ勝負 ……242	春 …………**327**、**358**	美術学校 …………80
罰 …………………180	晴れ ………**19**、**237**、	美術大学 …………250
発見 ………………150	**356**	非常口 ……199、**251**
バッジ …………**72**、**114**	バレーボール ……**246**	非常に ……………**211**
初体験 ……106、237	バレンタイン ……**246**	美人 ………………**74**、**96**
ばったり会う ………17	バレンタインチョコレート	左 …………**251**、277
初デート …………197	……………………246	左側 ………………**251**
発表 ………………**119**	ハワイ ……………**351**	左きき ……………**251**
派手 ………139、**242**	パン ………………**247**	美男子 ……………96
パトカー ……107、**243**	範囲 ………………**265**	引っ越し ………33、48
バドミントン ………201	番号 ………………**155**	ヒツジ………39、**341**
鼻 …………………**243**	ハンサム …………74	ぴったり …………**222**
花 …………………**244**	パンダ ……………**289**	筆談 ………………**75**
花言葉 ……………120	ハンバーガー …**247**、	引っ張られる ………**93**
話 …………………**33**	250	必要 ………………**252**
話す ………………**33**	販売 ………………**202**	必要ではない ……252
花見 ……**244**、281	〜番目 ……………**287**	否定 ………………279
花見客 ……………244	号 ……**95**、**184**、**335**	人 …………………**252**
馬肉 ………………223	ピアス ……………280	人々 ………………77
母 …………188、**244**	PHS ………………204	一人息子 …………284
母の日 ……………244	ビール ……127、**248**	ひなまつり ………**355**

避妊 …………………226	ファックス番号 ……255	婦人 …………………**149**
ひのき風呂 …………262	ファックス用紙 ……255	婦人警官 ……………107
暇………………36、**253**	ファックスを送る…255	婦人部 ………………149
100 …………………**325**	ファッション ………**166**	不正解 ………………241
100円…………………54	ファミリーレストラン	防ぐ …………………**121**
100グラム …………103	……………………77、308	ブタ …………………**259**
100パーセント ……233	不安 …………………**154**	ブタ肉 ………………**259**
冷やしラーメン ……304	風水 …………………278	豚肉料理 ……………259
～病 …………………254	夫婦 …………197、**256**	普通 …………………186、
秒 ……………………**338**	夫婦円満 ……………256	291、**335**
病院 ……………35、**253**	ブーム ………………**245**	太い …………………174、
評価 ……………………98	プール ………**154**、256	**260**、297
病気 …………………**254**	フェスティバル ………**39**	太る …………………**260**
病欠 …………………254	増える ………**257**、273	不服 …………**260**、282
表現 ……………………**30**	フォーク ……240、**257**	不平 …………**260**、282
兵庫県 ………………**347**	フォーラム …………185	不便 …………………**272**
氷山 …………………117	深い …………………**258**	不満 …………**260**、282
開く …………………**237**	不可能 …………………81	踏切 …………………**261**
昼 ……………………**330**	服 ……………**166**、258	冬 ……………**327**、358
ビル …………………**202**	福 ……………**132**、**259**、	冬山登山 ……………210
広い …………167、**254**	**343**、**344**	フライパン …………219
広尾 …………………254	福井県 ………………**343**	プライベート ………311
広島県 ………………**347**	福岡県 ………………**348**	ブラジル ……………**350**
白バイ ………………235	福祉 …………**132**、**259**	振られる ……………261
広まる ………………**245**	福祉施設 ……………259	フランス ……………**349**
ピンク ………………255	福祉大学 ……………259	フランスパン ………247
貧血 …………**290**、301	福島県 ………………**344**	ブランド ………………78
ファーストクラス …125	含む …………………**106**	プリペイドカード……**70**
ファーストフード	含める ………………**106**	振る …………………**261**
……………247、295	不幸 …………132、**272**	古い …………………**262**
ファックス …204、**255**	不思議 …………**29**、48	古着 …………258、262

379

古本 …………………262	保育園 ……168、302	ボランティアサークル
風呂 …………………**262**	保育士 …………………168	……………………270
風呂場 ………………262	ポイント ………………**16**	ボリューム ………**271**
プロフィール ……**305**	ほう …………**220**、**264**	ボリュームを増やす
文 ……………………**263**	〜法 ……………………**267**	……………………271
文化 …………………**263**	防火 ……………………121	ボリュームを減らす271
文学 …………………**263**	報告 ……………………**119**	ほろ苦い ……………222
文化祭 ………………**263**	報告書 ………………119	本 ……80、209、**210**
文化センター ……263	奉仕 ………………………**23**	本心 ……………………271
文章 …………………263	帽子 ……………………**267**	本当 ……………47、**271**
ヘアカット…236、**264**	防止 ……………………**121**	
平日 ……………………**335**	包丁 …………**176**、**307**	✻ま
平成 ……………………**339**	方法 ……………………**267**	
へえー ………**220**、**264**	放り投げる …………**160**	まあまあ ……………**272**
別 ………………………**269**	ボーナス ……………268	毎日 ……………………**335**
ベッド …………………**265**	ホームページ ……**118**	前 ………………………**337**
ベテラン ……………**106**	ホームヘルパー …168	任される ……………**167**
ヘビ ……………………**340**	ホール …………………**268**	任せた …………………167
ベビー雑誌 ……………18	ほか ……………………**269**	曲がる …………………275
部屋 ……………………**265**	誇り ……………………**138**	まぐろ …………………127
ヘリコプター ……249	欲しい …………………**136**、	まし ……………………272
減る ……………………257	**156**、**269**	マジシャン …………200
変 ………………………**266**	ポスター ……………**118**	まじめ …………………**180**
ペン ………………………**75**	(体が)細い	増す ……………………**273**
勉強 …………**80**、**146**、	……………**174**、**297**	麻酔 ……………………**190**
189、**263**、**266**	北海道 …………………**342**	まずい ……………56、**272**
勉強時間 ……………266	ホットウーロン茶……44	ますます ……………**273**
勉強机 ………………198	ホットコーヒー ……116	まだ ……………………**273**
勉強部屋 ……265、266	ホットティー ……112	また会いましょう…353
返事 ……………………**119**	骨 ……………**270**、**306**	町 ………………………**274**
変てこ …………………266	ボランティア ……**270**	

索引

待合室 …………265	未経験 …………106	みんなで行く ………26
待ち合わせ …17、275	未婚 …………273	迎える …………**94**
間違える …………**274**	短い …………217、**277**	むかつく ……**24、282**
街並み …………**274**	水…**49、87、278、336**	向こう …………**32**
町役場 …………274	店 …………**202**	虫 …………**283**
待つ ………**93、275**	みそ …………**278**	無視される ………283
まっすぐ ………108、	みそ汁 …………278	無視する …………**283**
218、**275**	みそラーメン ……278、	虫歯 …………232、**283**
～まで ………85、**276**	304	難しい …………**198、284**
まとめる …………**195**	～みたい …………**153**	息子 …………**284、285**
まな板 …………307	3日前 …………**331**	結ぶ …………**268**
学ぶ ………**80、146、**	未定 …………273	娘 …………**284、285**
189、266	認めない …………279	夢想 …………**170**
愛娘 …………285	認める …………**279**	むだ …………**165**
招く …………**128**	緑 ……68、**279**、293	胸 …………**285**
ママさんバレー ……246	南 …………92、**218、**	村 …………**286**
守る ………**294、304**	**280、327、358**	紫 …………**286**
麻薬 …………**190**	南口 …………280	村人 …………286
マラソン …………**148**	見慣れない …………**289**	村役場 …………294
まれ …………**289**	耳 …………**280**	無理…**198、284、287**
まわり …………**282**	宮 …………**343、348**	目 …………**287**
万 …………**276、325**	宮城県 …………**343**	めい …………285、**288**
マンガ …………66	脈 …………**35、89、253**	名刺 …………220
マンション …………**276**	土産 …………142	明治 …………**339**
満足 …………260	宮崎県 …………**348**	メール …………**288**
万引 …………**227**	見られる …………281	メールを送る ………**288**
三重県 …………**346**	ミリメートル ………169	メガネ …………**289**
右 …………251、**277**	見る…100、**244、281**	めがね橋 …………236
右側 …………**277**	ミルク …………**281**	珍しい …………25、**289**
右きき …………**277**	ミルクティー 112、281	目立つ …………**242**
見苦しい …………104	みんな …………**282**	メニュー …………**210**

めまい ……**290**、301	約束 ………**294**、**304**	夕方 ……………**338**
メモ ………………75	約束を破る ……294	優等生 ……………76
メル友 …………212	役場 ……………**294**	郵便 ……………**300**
免許 ……………303	野菜 ……………**295**	郵便局 …………**300**
もういいや ………20	野菜ジュース ……295	誘惑に負ける ……**93**
申し込む ………191	易しい ……284、**295**	雪 ………………**356**
(〜と)申します ……**33**	優しい ……**296**、299	ゆっくり …………**187**
もうすぐ ………**290**	安い ……178、**296**	ゆっくり歩く ……31
木製 ………90、194	休み…218、**335**、**337**	ゆったり ………**253**
目的 ………**333**、**334**	休む ……218、**337**	指 ………………196
木曜日 ……**90**、**336**	やせ薬 …………174	夢 ………………**170**
もし …**31**、181、**291**	痩せている…174、**297**	許す ……………**279**
もしかしたら ……181	痩せる ……**174**、**297**	よい …**82**、161、**301**
もちろん ………**291**	薬局 ……………**297**	酔う ………**290**、301
持つ ……………**292**	やっと ……**298**、310	用意 ……………**166**
持ってくる ……292	屋根……**33**、**77**、**143**	幼児 ………**18**、120
もっと …………273	山 …………**298**、**345**、**346**、**347**	用事 ……………**252**
喪服 ………105、258		洋食 ……………**308**
桃 ………………255	山形県 …………**342**	要するに ………195
もらう ……**22**、**292**	山口県 …………100、298、**347**	(〜の)ようだ ……**305**
森 …………**293**、342		幼稚 ……………**302**
森田 ……………293	山田 ………174、298	幼稚園 …………**302**
	山梨県 …………**346**	ヨーロッパ ……**350**
	闇 ………………**102**	ヨガ ……………**302**
✱や	辞める …………**299**	ヨガサークル ……302
	やめる …………189	浴室 ……………262
焼き肉 …………157	やる ……………**163**	汚れ ……………**303**
焼き増し ………140	やわらかい…**296**、299	予想 ……………**170**
野球…123、128、**293**	湯 ………………**69**	予想外 …………241
野球帽 ……267、293	結納 ……………**214**	酔っ払い …**290**、**301**
役所 ……………**294**	遊園地 ……238、**300**	予定 ……………**303**

索引

呼ぶ …………**128**	離婚 …………**110**	ろう …………**309**
予防 …………**121**	立派な …**160**、**161**	ろう学校 ………309
予防注射 ………190	略歴 …………**305**	老人 ……………115
読む …………**209**	理由 ……………206	浪費 …………**165**
予約 ……**294**、**304**	流行 …………**245**	6月 …………**328**
予約済み ………304	流行中 …………245	ロシア ………**350**
予約席 …………304	流行通信 ………245	ロゼワイン ……309
夜 ………**102**、**139**、	リュックサック …**210**	
330、**352**	利用 ……………192	
喜び…**93**、**181**、**245**	了解 …………**311**	## *わ
喜ぶ…**93**、**181**、**245**	料金 ……**58**、**336**	
よろしくお願いします	両国国技館 ……163	ワープロ ………241
………301、**354**	両親 …………**306**	ワイン ……**44**、**309**
	料理 ……**176**、**307**	ワインビネガー …309
	料理が来る ……130	若い ……**298**、**310**
## *ら	緑茶 …**61**、**62**、279	和歌山県 ……**346**
	旅行 …………**71**	わからない ……**310**
ラーメン ………**304**	例 ………**31**、**181**	わかる ……285、**311**
来客 ……………103	0.1 …………**326**	ワクワクする …**208**
来週 …………**332**	レインコート ……115	わけ ……………206
ライス …………**122**	レインボーブリッジ 236	わざと ……**47**、**213**
ライト ………19、151	歴史 …………**307**	忘れる …………65
来年 …………**334**	歴史書 …………307	わたし ……26、**311**
ライバル ………51	レストラン…216、**308**	渡す ……………**23**
ライブ …………**47**	列車 …………**204**	渡辺 ……………219
〜らしい ………**305**	恋愛…**82**、**86**、**305**	笑う …………**312**
ラブストーリー …**305**	連休 …………**218**	割る(÷) ………233
ラム肉 …………223	レントゲン…121、**308**	悪い ……**301**、**312**
理科 ……**270**、**306**	レントゲン室 ……308	悪口 …………**312**
理解 …………311	レントゲン写真 …308	ワンピース………**115**、
理科室 …………306	連盟 ……………196	**166**、193

【監修者】

米内山 明宏
よないやま・あきひろ

1952年東京都生まれ。1980年に日本ろう者劇団の前身である「東京ろう演劇サークル」を創設。1981年にアメリカン・デフシアターの契約俳優となり、日米84ヵ所の公演ツアーに参加した。その功績を認められ、1987年に文化庁芸術祭賞受賞。現在、日本ろう者劇団代表、有限会社手話文化村(http://www.shuwamura.com/)代表取締役を務める。演劇、映画、テレビ、ビデオなど、手話の監修や台本を多数執筆。著書に『プライド』(法研)、『手話は語る』(評伝社)などがある。

早引き(はやび)
手話(しゅわ)ハンドブック

2007年　4月29日　初版発行
2015年　6月30日　第23刷発行

監修者	米内山明宏(よないやまあきひろ)	Yonaiyama Akihiro, 2007
発行者	田村正隆	

発行所　株式会社ナツメ社
　　　　東京都千代田区神田神保町1-52　ナツメ社ビル1F(〒101-0051)
　　　　電話 03-3291-1257(代表)　FAX 03-3291-5761
　　　　振替 00130-1-58661

制　作　ナツメ出版企画株式会社
　　　　東京都千代田区神田神保町1-52　ナツメ社ビル3F(〒101-0051)
　　　　電話 03-3295-3921(代表)

印刷所　ラン印刷社
　　　　Printed in Japan

ISBN978-4-8163-4307-0

ナツメ社Webサイト
http://www.natsume.co.jp
書籍の最新情報(正誤情報を含む)は
ナツメ社Webサイトをご覧ください。

＜定価はカバーに表示しています＞
＜落丁・乱丁本はお取り替えします＞
本書の一部または全部を著作権法で定められている範囲を超え、ナツメ出版企画株式会社に無断で複写、複製、転載、データファイル化することを禁じます。